抗日英雄小故事系列

U0456170

戴安澜

周东升　汪铮／主编
汪倩秋／编著

团结出版社

图书在版编目（CIP）数据

戴安澜 / 汪倩秋编著.--北京：团结出版社，
2014.12（2021.9重印）
　　（抗日英雄小故事系列 / 周东升，汪铮主编）
　　ISBN 978-7-5126-3008-6

　　Ⅰ.①戴… Ⅱ.①汪… Ⅲ.①戴安澜（1905～1942）
-传记-青少年读物 Ⅳ.①K825.2-49

中国版本图书馆CIP数据核字（2014）第172901号

出　　版：团结出版社
　　　　　（北京市东城区东皇城根南街84号　邮编：100006）
电　　话：（010）65228880　65244790（出版社）
　　　　　（010）65238766　85113874　65133603（发行部）
　　　　　（010）65133603（邮购）
网　　址：http://www.tjpress.com
E-mail：zb65244790@163.com（出版社）
　　　　　fx65133603@163.com（发行部邮购）
经　　销：全国新华书店
印　　刷：天津兴湘印务有限公司

开　　本：670毫米×960毫米　16开
印　　张：9.25
字　　数：85千字
版　　次：2014年12月　第1版
印　　次：2021年9月　第4次印刷

书　　号：978-7-5126-3008-6
定　　价：29.80元
（版权所属，盗版必究）

目 录

抗日英雄 戴安澜

抗日英雄小故事

抗日英雄
戴安澜

抗日英雄
小故事

第一章　青少年时期

第一节：勤奋好学，乐于助人

1904 年 11 月 25 日，戴安澜出生在安徽无为县仁泉乡风和村，小时候的名字叫戴炳阳、字衍功。戴炳阳共有兄弟姐妹六人，在家中排行第三。戴炳阳从小家境贫寒，缺吃少穿，青少年时代的他长得又瘦又小。戴炳阳的父亲戴礼明以务农、养鸭为生，农闲时节常随戏班献唱，获点报酬补贴家用，并时常以戏中人物的忠义奸佞教育戴炳阳。年幼时，当戴炳阳随同大人小孩看戏时，特别是他的父亲戴礼明在台上出现时，他总是瞪大了眼睛，用心看戏，渐渐懂得了戏中人和事的是非曲直，同时还大胆地评论戏中人和事，讲得头头是道、有条有理。这不仅得到小伙伴们的钦佩，也得到了长辈们的赞许。戴炳阳在家人的身边，看到行侠仗义的伯父在邻里的威望，看到父亲对公益事业的热心，这一

抗日英雄
戴安澜

切耳濡目染地影响了他的一生。

在这样的生活环境的影响下，戴炳阳渐渐地成长为一个乐于助人、伸张正义的人。在上学途中，突然下雨，同伴的衣服被淋湿了，戴炳阳立即脱下自己的长衫给人家披上，而不顾自己的寒冷。有谁无理欺负自己的小伙伴，他就学着戏中人物忠诚侠义的样子，勇敢地站出来予以保护。逢年过节时，他还会把分得很少的那份节日食品拿出来与那些比他还要贫困的同伴共同分享。

戴礼明非常希望儿子长大后能"出人头地""光宗耀祖"。祖母常常教诲戴炳阳读书学习非常重要，这养成了炳阳热爱学习的自觉性。在戴炳阳 7 岁时，1918 年，当时在桐城县著名学者周绍峰先生应邀来风和村设塾馆。父亲便节衣缩食将戴炳阳送入周先生的塾馆，接受启蒙教育，戴炳阳深知求学不易，学习刻苦，成绩优异。《三字经》《百家姓》《四书》等书籍，别的孩子读起来味同嚼蜡。然而，戴炳阳却能很快地领悟书中的内涵，并对书本产生了浓厚的兴趣，孜孜不倦地学习。周先生赞许说：此子禀赋优异，后必有成。周先生注重道德气节教育，诲人不倦。在周先生的教导下，戴炳阳接受了传统的中国文化与道德教育，并深受教益。

1922 年 9 月，陶行知先生创办安徽公学。戴炳阳受到五四运动和陶行知所传播的新思想、新文化影响，强烈渴望学习新文化、新思想，18 岁的炳阳在得到家人的同意后，到南京白下区报考南京安徽公学。1923 年，戴炳阳考入陶行知先生在南京创办的安徽公学高中部。然而由于战火迭起，社会动荡不安，家人惦记年轻的炳阳。在家人多次的催促下，炳阳在安徽公学只学习了不到一年的时间，就返回了家乡。时局的不稳，生活的贫困，这一些使戴炳阳不能够很好地学习。然而，生活中的困难又接踵而来。

为了生活的需要，戴炳阳一方面在家帮助务农，进行田间劳作；另一方面用自己学到的知识来教育亲友的子女们，在家乡办了私塾，以补贴家中入不敷出的贫穷生活。这时，戴炳阳家中的生活依然贫寒，经常揭不开锅，有时只能用凉水来充饥。但是这一切并未磨灭炳阳的忧国忧民的赤子之心，反而使他更加感到自己肩上的责任重大，他时时在问着自己，何时才能为国家为人民做出一番有益的事业来？他真心实意地愿意为国家繁荣富强、人民生活幸福，贡献出自己的一分力量。

第二节：怀有报国心

在跟从周绍峰先生系统地读书期间，戴炳阳对周先生交给他的作业都十分认真地去完成，对周先生尊崇的尽忠报国的思想更是全力地去接受，在他心中强烈的爱忠鄙奸的观念已经形成。几年的学习不仅让戴安澜大有进步，而且人也变得逐渐地成熟起来。

戴安澜成长的时代，正是中国社会发生翻天覆地变化的时代，也是中华民族遭遇危难之时。孙中山先生领导的辛亥革命推翻了中国最后一个封建王朝的腐败统治。人民为此振奋，如饥似渴地呼吸着革命的新鲜空气。然而，袁世凯称帝、张勋复辟，腐朽的反动势力顽固地抵抗着革命的新生力量。

戴炳阳时常不无感叹地对亲朋好友们说："我们生逢此时，必须去历经艰难，去舍身救国。"自20世纪30年代开始，日本帝国主义加紧了侵华的步伐，面对大好河山被日军铁蹄践踏，戴炳阳悲愤不已，他认为："抗日战争的胜败和中华民族的存亡，都必须由我们这一代人来承担。"

1924年，戴炳阳已经年满20岁，依然是一副单薄的身子板。此时中国南方，大革命的风潮涌动，有志青年纷纷奔赴革命中心广东省广州。眼看帝国主义列强的侵略和军阀割据所造成的社会黑暗，年轻的戴炳阳立下了报国的壮志。国家和时代的动荡不安使人们心中出现的希望又蒙上了阴影，对未来的前景产生了迷惑。这也在少年戴炳阳的心灵上产生了很大的冲击，他切身地感受到了家境生活的贫寒、温饱不得解决的苦痛。戴炳阳的周围尽是苦难的人们，他多么希望革命能改变这一状况，希望人们能够安居乐业，他心中向往着一个和平安定的生活，让劳苦大众都能过上丰衣足食的生活。这样的思想、这样的向往和追求，在他20多岁所做的一副自勉联中做了明确的描述，自勉联的上联是"为政不在多言，要能幼幼所教"，下联是"壮有所归，老有所养"，一幅国泰民安的祥和生活图景时时在少年戴炳阳的脑海里浮现，并鼓励他为此去全力奋斗。

1924年，国共合作，孙中山先生在广州黄埔创立了陆军军官学校。这时，戴炳阳的叔祖父戴端甫早年追随孙中山，此时正在广东建立了国粤军第四师任团长，他积极为筹建黄埔军校努力工作，为聚集革命力量，写信回乡号召有志青年到广东报考黄埔军校，投身革命阵营。1925年，戴炳阳便是在叔祖父戴端甫的勉励下，与家人一起，抓紧时间整理行装，与其他青年一起来到广州参加革命，投笔从戎决心报考黄埔军校。这一个突如其来的机遇改变了戴炳阳的生活轨迹，如果不是因为战乱和外敌入侵，多才多艺、熟读文史、精通琴棋书画的戴炳阳很有可能会像历史上不少安徽人一样，成为一位风雅名士，但国家危难却把他的命运引上了另外一条路。

一路上，军阀混战、百姓生活苦不堪言的景象，使戴炳阳的报国之心更加深切，深感自己的责任重大。在沉思中，他听着火车车轮在运行中有节奏地振动，仿佛在说："快去吧！快去吧！"在催促着他们这些有志青年快速奔向广东。

第三节：一波三折报考黄埔军校

到了广州，几个青年背着简单的包袱到了端甫公的住地。一见面，端甫公看着这些有志青年，便露出了欣慰的微笑，关切地询问着家乡的境况，以及他们途中的情况，并向他们简单地介绍了当前的革命形势。最后，他语重心长地对这些青年说："我写信让你们来是参加革命打倒列强的，不是来做官享福的，到这里参加革命不仅不能享福，还可能要丢掉性命。如果你们怕难、怕苦、怕死，那么回去也来得及，我不阻拦你们，回去的路费我出。"说完以后，端甫公目光严肃地向每一个青年看去。

这些青年都是满怀壮志，没有一个后退的。端甫公看到了每一个人的决心，心中十分高兴，就对他们说："这样就是很好，一路上大家都累了，今天洗洗澡，休息一下，明后天在广州城里看一看，然后就带你们去黄埔，到学校报名考试。"听到端甫公的一番话，几个青年都非常高兴，旅途的疲劳也忘得一干二净，都盼望着第二天到城中区走一走、看一看，感受一下这座革命城市特有的气息。

两天以后，端甫公陪同这些青年来到陆军军官学校去投考。军校的校址在广州东郊的黄埔长洲岛，整个岛的面积约一万亩。岛上山峦起伏，四面环水，筑有炮台多座，黄埔隔江与鱼珠、沙路炮台并峙，构成长洲军事要塞，是由虎门进入广州的重要门户。孙中山先生在第一次国共合作时期，在苏联和中国共产党的帮助下，在此处创办了这一座新兴的陆军军官学校，孙中山先生办校的宗旨是："创立革命军，以挽救中国危亡。"

到了黄埔军校，戴炳阳和同来的青年们看到学校所在地的险要地势和大好风光，了解了学校的任务，他们恨不得立即到学校学习，投身到革命洪流中去。戴炳阳的文化水平在当时来讲是很不错的，文化考试成绩优秀，顺利过关，心里有说不出的高兴。但是，身体检查时，因为身体太瘦弱，像菜豆芽一样，按照学校招生的标准，没有能够顺利通过录取。这对满怀喜悦心情的戴炳阳来说，是一个意想不到的沉重打击，美好的憧憬从他的眼前一下子消失了。叔祖父戴端甫想以自己的名望保荐炳阳进入第一期学习，对他说："我找人说说，你进军校应该没有问题。"黄埔一期经被保荐入学的有许多人，如杜聿明就是于右任保荐入学的，但戴炳阳并没有接受戴端甫保荐入学的建议。

戴炳阳很快地从这暂时的挫折中清醒过来，他深知作为一个革命军人，没有强壮的体魄是不行的。同时，他又更深地想到，到陆军军官学校去学习，就成为军官，毕业出来之后，是指挥士兵作战的军官，但他从来没有军队生活的体验，也没有

抗日英雄
戴安澜

参加战斗的经历。如果这样从军校出来以后，又如何能够带好兵？打好仗呢？经过深思熟虑之后，炳阳对端甫公说："这次能考上陆军军官学校，就是一期的学生，那是最好不过了。但现在因为自己体质差，没有能够录取。对于这一点，我一点也不气馁，我已经想好了，要到国民革命军去当一名战士，一方面锻炼自己的体魄；另一方面通过士兵生活，可以亲身地体会士兵生活。一年后，再考陆军军官学校。我想，经过一段时间的磨炼，身体一定会达到学校招收学员的要求。叔祖公，你看怎样？"端甫公一直为戴炳阳因为体质而没有能够考上军校感到惋惜。但是他听了戴炳阳的这一番话后，当即点点头，为这个晚辈后生的志气和远见所感动，觉得炳阳这个青年很有志气，他不仅同意了戴炳阳的要求，并且积极地支持他的这个决定。

第四节：成功考取黄埔军校

戴炳阳从长洲到返回城里后，就到国民革命军的招兵处报名，并立即被录取，成了一名二等兵。军队的生活是艰苦的，每天早上，天不亮就要起床晨练，一天还有许多军事训练的课程。虽然，戴炳阳在家乡时曾参加过农业劳动，但这对于一个读书人来说，对体能的磨炼无疑是一次意志的考验。但对在部队中可能出现的苦和累，戴炳阳在没有到部队前就做好了充分的思想准备。他咬紧牙关，不断地鼓励自己，一定要顶住并克服这段困难的日子。在艰苦训练的同时，炳阳坚持每天用冷水冲凉，来增强自己的体质，也磨炼自己的意志力。几个月过去了，戴炳阳顺利地渡过了体能关，适应了艰苦的部队生活。

抗日英雄——戴安澜

　　当时，国民革命军的驻地都在郊外，条件很差。外出训练时就只能住在破庙或者一些村庄的祠堂里，这些地方还经常停着尸棺，晚上就显得更为凄凉。在这样的环境里，白天站岗放哨还可以，到了晚上，阴森的气氛令人毛骨悚然。对戴炳阳这个文弱书生来说，轮到他晚上站岗放哨又是一种考验。开始时，轮到戴炳阳晚上值勤，他十分害怕。但是，戴炳阳一想到自己是革命军人，参加革命死都无所畏惧，还害怕什么死人？一下子就镇定了。经过多次执行任务，炳阳慢慢地就适应了，胆子也变得大了起来，恐惧心理也渐渐地消失了。

　　对于这一段经历，他后来对大儿子覆东说："我不是生来就是这么胆大不怕死的，我原来胆子也是很小的，害怕黑暗，害怕死人，但是军旅生活锻炼了我、改变了我。所以一个人只要不怕困难，勇于进取，这样就能得到进步。"俗话说：当兵吃粮。一年的二等兵生活，戴炳阳可以吃饱肚子了，加上他刻苦锻炼，不仅身体健壮起来，而且意志也变得更加刚毅。这一段生活为他后来步入军校，直到以后指挥部队战斗，打下了一个坚实的基础。

　　这时的戴炳阳经历了一年的士兵生活，接受了革命思想的教育，又在端甫公的谆谆教导下，他决心报国为民的志向变得更加坚定明确，他为自己的伟大祖国几千年的文明而自豪，又为人民的困苦生活、国土为列强瓜分的现实所痛心，他思潮起伏、感慨万千，他决心尽自己的一切力量，力挽狂澜，要为国家的安危做出贡献，并表示为了要完成自己的意愿，要像那不怕大海风暴中的海鸥那样去勇敢搏击。他此时改名炳阳为安澜，取号为海鸥。"海鸥"将军对待自己非常严格，时常自我反省。他曾经把《论语》上的"士不可以不弘毅，任重而道远"写成条幅，贴在墙上作为座右铭。

　　一年后，戴安澜再次报考黄埔军校，经过考试顺利地被录取为黄埔军校的第三期，正式成为一名革命军人，他亲耳聆听过孙中山、周恩来的教诲，"打倒列强，除军阀，救中国"的革命思想影响了他的一生。

第五节：激昂的黄埔生活

黄埔军校以苏联建军的经验，采取军事与政治并重，理论与实际结合的教学方针，培养革命的军事政治人才。黄埔军校机构庞大，组织严密，由总理、校长、党代表组成的校本部为最高领导机构，下设政治、教授、训练、管理、军事、军医六部办事。孙中山任校总理，蒋介石任校长，廖仲恺任国民党代表。教职员不少是国共两党的重要干部和社会知名人士。周恩来曾任政治部主任，叶剑英曾任教授部副主任。军校师生积极贯彻孙中山提出的"联俄、联工、扶助农工"的三大政策，师生之间亲爱精诚，矢志救国救民、牺牲奋斗。校园内贴满了醒目的标语：拥护本党本校总理的三民主义；亲爱精诚，和衷共济；精诚团结，卧薪尝胆；打倒帝国主语；打倒封建主义；勇往直前，破釜沉舟；百折不挠，再接再厉；共产主义是三民主义的好朋友……看到这些激动人心的标语，戴安澜感到热血沸腾。

1925年7月1日，黄埔军校第三期举行的开学典礼，这一天，学校的许多领导都到场。三期的士兵整齐地坐在军校的大花厅里，在教官的统一指挥下，学员们高唱黄埔学校的校歌：

莘莘学生，亲爱精诚，

三民主义，是我革命先声。

革命英雄，国民先锋，

再接再厉，继续先烈成功。

同学通道，乐尊教导，

终始生死，毋忘今日本校。

以血洒花，以校作家，

卧薪尝胆，努力建设中华。

歌声嘹亮、高亢，戴安澜年轻的心随着歌声在激烈地跳动。在热烈的掌声中，政治部主任周恩来发表了演讲。周恩来充满激情、富有哲理的讲话，深深地打动了戴安澜的心，他一字一句地听，深深地印在了自己的脑海里，这对他今后的生活产生了很大的影响。

在这样的环境中，戴安澜一面学习军事技术，一面接受着革命的思想，这对于他选择确定未来的人生道路是一个至关重要的关头。戴安澜对自己说："军人事业，为救国救民救人之事业，绝非糊口猎官之事业，时时应该有牺牲自己来救国救民的决心，抱负一旦确定，那么个人的一切生活都是有趣的，都是生机盎然的。时时要争取进取，所有的诱惑，都应该一概摒除。换句话说，抱负不是空言和幻想，而是应该身体力行地实践。"

戴安澜的半年入伍期满后，1925 年 7 月 1 日升入学生队，正式进入黄埔军校第三期步兵科学习，被编在步兵队学习。在黄埔第三期入伍生队期间，戴安澜参加了由总队长张治中领导的第一次东征，讨伐广东军阀陈炯明，参加了平定滇系军阀杨希闵和桂系军阀刘震寰叛乱等多场战斗。在战斗中，戴安澜十分勇敢，不顾战场上弹片横飞，勇敢地向日军射击。身为一期生的覃异之将军看到这个场景，对这位年轻的军人十分欣赏和钦佩，战斗结束之后，主动和戴安澜交谈，安澜也对这位年长博学的学长表现出了敬爱之情。此后，两个人结下了深厚的友谊。1937年9月，覃异之将军在对日军作战阵地被日军攻克后，自杀殉国，但被救活，枪伤已经很严重。戴安澜听到这个消息后，立即致电问候，并在9月30日的日记中写道："自杀的精神不能够弥补战败，但因为战败能有勇气自杀的将领，终究也是一个好汉。"等到覃将军伤好了之后，戴安澜主动去看望覃将军，并赠给了覃将军一把手枪，表达了自己的一片崇敬之情。

在军校学习期间，戴安澜受到了孙中山新三民主义的熏陶和国共两党第一次合作的影响，受到周恩来、恽代英和高语罕的政治思想教育。戴安澜在黄埔军校积极努力地学习，得到老师和同学们的尊重和信赖。戴安澜为人厚道，但聪明机警，对自己要求很严格，又乐于助人，深得同学们的尊敬，是黄埔军校中周总理最为赏识的学生之一。

第六节：不弃糟糠之妻

1926 年，戴安澜从黄埔军校毕业，在北伐军司令部任副官连长。戴端甫便写信给戴安澜的父亲，让他把戴安澜从小定亲的王家姑娘接到广州完婚。王家姑娘也是个苦出身，是个旧式的农村妇女，裹了小脚，目不识丁，连名字都没有。而此时的戴安澜身为北伐军的年轻军官，才俊风华，前途无量。若用世俗的眼光看，两人的地位和条件可谓天壤之别。但是，戴安澜没有这样想。1927 年 1 月 5 日，他并没有嫌弃这位过门时连名字都没有的乡下姑娘，照样把她接到部队上完婚，并给她起了第一个名字：荷心。何谓荷心？乃荷花之芯，花是香美的，

但莲子芯是苦的。王家姑娘从小吃了不少苦，一个没有文化的村姑嫁给一个连年征战的军人，还要准备吃苦。所以，戴安澜给妻子起名"荷心"。

荷心嫁给戴安澜后，一方面操持家务，另一方面在戴安澜的帮助和鼓励下，开始识字念书。为了能够去学校上课，戴安澜甚至让妻子对外谎称是未婚女青年。荷心原本天资极佳，一年多的勤耕苦读，她居然能够独立地读书看报了，还能写出百十个字的简短家信。戴安澜非常高兴，1928年，他又给夫人起了第二个名字：荷馨。有了文化，苦就变成了甜，可见戴安澜心中那朵荷花终于绽放了，盛开的荷花既美且香！这就是戴安澜，他相信每个人都可以改变自己，改变命运。

同年，戴安澜随北伐军打到山东济南。5月3日，日军借口保护侨民，大开杀戒。戴安澜目睹无数中国军民惨遭屠杀，怒不可遏，从此种下了对日本强盗不共戴天的仇恨。而他为自己四个子女所取的名字，皆与国难和抗日有关。戴安澜他大儿子取名字叫覆东，意为覆灭东洋。女儿取名字叫藩篱，就是等于竖起一道篱笆，不要让这个坏蛋进来。二儿子出生的时候，戴安澜给他取的名字叫靖东，就是平靖东洋鬼子，小儿子的名字澄东，澄清东洋鬼子。

长子戴覆东小时候在湖南辰溪病重时，戴安澜与妻子王荷馨守候在儿子身边，戴安澜甚至愿以自己生病来求得儿子的康复。女儿藩篱在戴安澜将军率军远征时，提出要买皮鞋，他也答应了。在战斗紧张激烈的情况下，戴安澜写信回家，也没有忘记自己对于家人的承诺，答应打完仗以后回来一定给女儿买皮鞋。二儿子靖东，在他远征前夕，经常生病，时重时轻，在军队训练的空闲，他的心情随靖东的病情而波动，对子女的爱心可谓是如海洋一般宽广。

但戴安澜对子女的爱从不溺爱，他对自己的子女要求十分严格，他命令士兵们不许称自己的孩子是"少爷""小姐"，也不让子女坐他的汽车，以免沾染官宦子弟的习气。他经常写信教育长子戴覆东要锻炼好身体，要学习好功课。当覆东住校时，戴安澜星期天与妻子王荷馨一起去看他，指出他的被子没有按规矩叠好。

覆东回答说："今天是星期天，不检查。"

戴安澜立即指出："这样的想法和做法是不对的，并说不管在什么时候都要按规矩办事。"同时，他又表扬覆东在星期天自己洗衣服的优点，都使孩子受到了深刻的教育。

戴安澜在工作上勤勤恳恳，对待子女关爱严厉，妻子王荷馨也是一个吃苦耐劳、深明大义的贤妻良母。戴安澜将军殉国的时候，小儿子才几个月大，她遵照戴安澜的遗嘱，一手拉扯着孩子，一手把持着一个大家族的家务。那时戴家住在贵阳的花溪，全家老老少少有二三十口人，全靠她一人操持，赡养老人，教育子女，很不容易。新中国成立后，他们的家搬到了上海，住在同济新村，王荷馨担任了里弄调解员，左邻右舍的家长里短，她总是能够协调得让大家满意。她善良诚恳，办事公平，工作出色，获得了"三八红旗手"的光荣称号。在王荷馨的教导和培养下，他们的子女也都成为国家的栋梁之材。

第二章 积极投身抗日

第一节：开始军旅生涯

1925 年，戴安澜从黄埔军校毕业，被分配到了国民革命军总司令部担任排长。1926 年，戴安澜参加了北伐战争。北伐军北上之后，1927 年春，黄埔军校入伍生第二团接受被华军移交的东江防守任务，由广州市沙河营地来到东莞县。戴安澜这时来到该团，担任黄埔军校第二团第八连第三排排长。

有好几次打野外，戴安澜都是叫末尾一名随他做传令。有一天晚上，有几位四川同学在饭厅聊天，戴排长走来，大家请他讲故事。

他用四川土语调和大家讲："你们在说啥子？是不是在摆龙门阵啦？"大家听到他这种怪腔怪调，不约而同地大笑起来，笑得满面通红。在学生们的请求下，接着戴安澜给大家讲了林则徐烧鸦片，在黄埔岛上英勇抗击英国入侵者的事迹；岳母刺字，精忠报国；戚继光辕门斩子；朱元璋当和尚等故事。

他还说："中国地带除了许多英雄，也有过辉煌的历史，今天之所以沦为半殖民地，并不是外国鬼子怎样能干，而是我们太不争气，特别是一些腐败的官僚政客，无识无能，贪生怕死，爱财争禄，才造成这样的后果。"

他又对学生们说："要做革命军人，就要做出一番革命事业，大丈夫要立功于战场；要做出一番事业，就要有坚强的斗志，否则就不能战胜日军；年轻人唯一的出路应该是奋斗、奋斗、再奋斗！"大家听得津津有味，听后学生们都佩服他具有丰富的历史知识，一致称他为"说书匠"。后来，戴安澜也写了"奋斗，奋斗，再奋斗"的一块牌子放在他自己的书桌上面，以此作为他的座右铭。

有一次，戴安澜刚讲完一个小故事，一个学生乘机向他报告："我来军校难道只学传令？为什么野外总是叫末尾一名随你当传令，难道不能换换吗？"

他听后大笑不止，说："你这个小同学多调皮！"自此以后，这个学生一有疑难问题总是向他请教，他也总是有问必答，答必详尽。久而久之，两个人之间的感情越来越深。大家与他私下谈话时从不称他为排长，而是称他为老师。

他担任连值新排长时，对学生十分关心。广东天气虽然较暖，但毕竟是在冬天，深夜郊外比较寒冷。平常不穿棉衣不觉什么，这时不穿是很难受的。很多士兵被派到西城高地的夜间哨所担任哨兵（单人哨），高地附近全是坟墓，没有村落人家。戴安澜晚上出来查岗、查哨，发现这些年轻的学生身着单衣，在寒风中打冷战，他心疼地走近士兵们跟前，摸着他们冰冷的手，问这些站岗的学生："你不冷吗？"

学生回答："有点冷"

他问："为什么不穿棉衣？"

学生说："穿上笨得很。"

他说："笨总比冷好，笨不会生病。"

接着他又问："这是坟地，你怕不怕？"

学生说："革命军人死都不怕，还怕鬼吗？"

他说了一声"好一个小兵"便走了。

不一会儿，戴安澜拿了夜哨兵应该穿的棉衣返回来，要每一个哨兵都穿上，并责备带班的见习排长，要求夜哨兵每天都要穿棉衣，并语重心长地说："这些入伍生年纪很轻，有的稚气还没有脱掉，不知道爱惜自己的身体，如果冻坏了，我们当排长的有责任。"一席话使得学生们十分感动，与他更亲近了。

之后，戴安澜在抗日战争中的古北口、漳河、台儿庄诸战役中，屡著功勋，由连长、团长升为第 72 旅旅长，并在 1928 年调任国民革命军第一师连长。1929 年，戴安澜调任中央军

抗日英雄小故事

校少校区队长。1930 年，任教导第二师迫击炮连连长，参加陇海路战役，在兰封附近奋勇当先，右臂负伤，因功晋升营长，继而又被提拔为中校团副；1931 年，调任第四师补充团长；1932 年冬，调任第 17 军 25 师第 145 团团长。

第二节：古北口长城抗战

1931 年 9 月，经过长时间的精心准备和阴谋策划，日本军国主义发动了"九一八"事变，大片的东北土地沦为日本帝国主义的殖民地。"九一八"事变后，戴安澜对日寇的侵略恨之入骨，立誓要斩杀日寇，"血洗我国六十年的宿耻"。随后，日军进一步向华北靠近，伺机侵犯。1933 年 1 月，日本关东军侵占山海关，继续向西南方向的河北扩展，向长城靠近，又兵分三路进逼热河。华北各地危在旦夕，全国上下抗击日寇的呼声不断。

1933 年 2 月，当时戴安澜在国民革命军第 17 军 25 师关麟征部 145 团任团长，参加了古北口战役。戴安澜心中万分焦急，虽然驻军在徐州以南，然而他的心里却想着长城，多么希望能与日寇决一死战，保卫华北的安全。1933 年 2 月 25 日，25 师接到命令要挥师北上，在徐州誓师出发大会上，戴安澜带领全团官兵在广场上整齐列队站立，全体官兵精神抖擞，各个摩拳擦掌，抱定了为国雪耻、为民报仇、北上与日寇决一死战的决心。

2月26日，部队乘车向北进发，一路上戴安澜一直不能平静，济南惨案的情景又出现在眼前，日寇凶残地将手无寸铁的平民百姓打死，火光、呼叫声、枪炮声，然而倒在血泊中的战友仍然向日军射出仇恨的子弹，直到生命的最后一刻……这一切都激发了戴安澜大无畏的战斗精神。

在途中，他不停地翻看军事地图，看报纸，听广播，了解战事发展的形式。同时，他又十分关心每一节车厢里的战事，车一停下来，他就到各个车厢去巡视，要各级指挥官关心士兵的冷暖，让战士们好好休息，戴安澜知道长城一战必定是一场艰难的战争。一路上，他一直都在思索着如何迎接这即将到来的战斗。

3月5日，25师整个部队到通州集结完毕。戴安澜利用部队先到两天的时间，抓紧进行部队作战训练。3月8日夜晚，第25师接到命令，日军已经在古北口与中国军队交战，命令第25师迅速向古北口方向前进，增援驻防在那里的东北军第112师张挺枢部。

3月10日凌晨4点，第25师到达古北口。关麟征师长了解到日军是多兵种联合作战，但兵力不详，现在已经逼近长城。随即，关师长召集旅团长召开紧急会议。会议结束后，各部队迅速进入阵地，戴安澜率领各营营长到负责防守的地段上观察地形。

3月10日上午，第25师刚布置完毕，日军的战斗机从北面几次飞来，在古北口上空盘旋良久，进行侦察后，又掷弹而去。由于没有可靠的掩体遮蔽，所以在数十架敌机的轮番轰炸，重炮集中射击下，日军同时以大部兵力向我军的右翼延伸包围。中国军队的许多阵地被破坏，人员遭到伤亡。戴安澜率145团守卫将军楼至龙儿峪一带阵地，阻击日军。

3月11日拂晓，日军又以飞机炮火掩护，以主力向25师右翼及第112师强攻。到上午10时，第112师与第25师顽强抵抗失败，放弃古北口正面沿长城一线的第一道防线，古北口随即失陷。日军占领第一道防线后，乘胜以主力向第25师右翼145团的阵地进攻。由于第一线阵地失守，第25师陷于孤立，全线处于被动局势。

原来日军的攻击在正面，可是戴安澜发现日寇在侧背出现，阵地受到两个方向的攻击，他即时指挥，要求各营针对这一情况，调整防线。另一方面他将预备队集中起来待命，以应对不测。同时，向旅部、师部报告战况的急剧变化。在侧背夹击下，145团全体将士奋勇抵抗。关麟征知道这一战况后，要戴安澜一定要坚守阵地，这样夺回将军楼阵地才有可能，戴安澜表示决心与阵地共存亡，让关师长放心。关麟征率领特务连

到右翼阵地，指挥 75 旅恢复将军楼阵地。

11 时，日军将 73 旅 145 团与 75 旅之间的交通封锁，因远离主力，145 团变换阵地时，一时间联络中断。关师长亲自率领 149 团向日军攻击。激烈争夺下，关市长被手榴弹炸伤多处，其余官兵伤亡严重，形势十分紧急。这时戴安澜与二营营长赵永善高呼："冲啊！"带领战士跑步冲上与日军展开了战斗，稳住了阵地，并把关师长背了下来。至此，145 团与 149 团的交通才开始获得安全，然而战争仍然在继续。日军连续发起冲锋，但都被中国军队击退。

12 日拂晓，日军又向我军进行攻击，我军受敌包围，死伤惨重。戴安澜看到这一情况，激动的心情在胸中激荡，他命令将部队转移到南天门一带高地，各营连采取各自为战，占领有利地形，不断交换阵地，采取收缩直接攻击日军指挥部的战术，取得更好的战机，在给日军重创的同时，使进犯的日军遭受重大伤亡，保存了自己的有生力量。在战斗中，无法联系到前沿的阵地哨所，士兵们由于没有收到撤退的指令，仍坚持战斗，消灭日军近百人。日军恼羞成怒，出动飞机轰炸，联合炮兵轰击，哨所勇士在顽强拼搏中全部阵亡。日军占领哨所后，发现仅有 7 具战士尸体，深为敬畏，便将 7 位战士的尸体埋葬在一起，并树"支那七勇士之墓"木牌一块，以示敬佩。

戴安澜率部殊死抵抗，在连续三昼夜的激战中，尽管第 145 团伤亡惨重，但却击退了日军的三次进攻，使得日军每向前一步，都不得不付出惨重的代价。日军在古北口抗战中死伤 2000 多人，不得不承认这里是激战中的激战。古北口战役，是戴安澜在抗战期间参加的第一场大规模战役。在这场战役中，戴安澜英勇负伤不下火线，荣获五等云麾勋章。长城抗战之后，1933 年，戴安澜率领部队移驻北平。

第三节：铁汉印章

1937 年 7 月 7 日卢沟桥事件变爆发，中国人民抗日战争全面开始。日本全面侵华战争爆发后，日军已经基本上占领了整个河北省，国内形势异常紧张。在这样的形势下，面对亡国危险，戴安澜不免忧心忡忡。7月29日，时任第73旅旅长的戴安澜奉命奔赴华北战场，积极投入抗战。9月率部队守备河北保定的漕河一线，阻击南下日军。全旅英勇抵抗，发挥了阻滞作用，但是损失很大。部队撤离战场后，戴安澜立即发出慰劳官兵书，高度赞扬士兵的"英勇壮烈，那种惊天地，泣鬼神之牺牲精神"，鼓励士兵说："只要我们坚持，一定会取得最后的胜利。"

此期间，戴安澜得到五个月的薪水，共计大洋一千五百元。从北伐到抗战，作为一名年轻的军官，他已清楚地看到中国军队所存在的严重问题。他想，战争开始以来，国家耗费了巨资，而自己身为军人，却又没有能够尽到军人的天职，拿到这么多的薪水，戴安澜总觉得心中有所愧疚，于心不忍。除留下五百元维持家庭生活外，他决定拿出一千元钱捐给国家，以此表示自己一番赎罪的心意。他立即将钱款送到师部，并将此事报告给师长。对于戴安澜的这一举动，全师受到震动，师长打电话给戴安澜予以表彰，并准备整个师内部也要同样效仿。戴安澜初算一下，一个师如果能捐出一两万，那么政府可以多出几百万的支出。他感到自己的一点微薄的心意，竟能有如此之大的效果，实在出乎了他的意料，这也给了他极大的安慰。

在台儿庄战役前，为了表示自己报效祖国的决心，戴安澜制作了"铁汉"印章一枚。他以此印激励心志，希望自己在日军面前如铁汉一样。戴安澜心里想万一遭遇不幸而军事上无法挽回的颓废事态时，则以不渡黄河的决心，潜伏在黄河的北岸，给予日军以威胁，以示中国不亡，保卫我中华民族发源地的河北。为了救国家于危亡，也为了避免父母家人受累，戴安澜曾打算将姓名改为"戈挥日"，开展游击抗日活动。"戈"是"戴"字的偏旁，保留戴姓，"挥日"二字则表达了他对日作战的勇气与决心。他想在这样的情势下，除了衣食外，一文不要，如有所得，则完全送给官兵，以为表率。他考虑到如果部队要在河北长期进行游击，对于给养、军纪、联络、人事、编配诸多问题，该如何建制？这是一定要预先考虑到的，他转念又想，这些事可以和他的好友、河北人焦沛然共同谋划。同时，他准备将此事写信禀告叔祖父，请其如万一不幸，一旦南京沦陷时，即由家人为其发丧，以掩人耳目，此后即以戈挥日的名义纵横于黄河北岸。戴安澜想了一夜，一夜都没有入睡，发誓要与日寇决战到底的决心使得他热血沸腾。

台儿庄战役期间，时任第73旅旅长的戴安澜曾奉命率部参战，在对日寇极端仇视的时候，戴安澜随身镌刻此印，以激励心智。这一枚玛瑙印章，长约3.3厘米，章切面为边长1.6厘米的正方形，篆书阳刻"铁汉"二字，上部为椭圆形，布局端庄，笔画遒劲。2005年抗日战争胜利60周年，"铁汉"印章被戴安澜后人珍藏了 60 多年后，郑重献给中国人民抗日战争纪念馆。印章不过一两，铁骨铮铮万钧！"铁汉"者，铁打的汉子也，意指用钢铁般的意志和战斗力来抵抗日军的侵略。戴安澜将军正是拥有"铁汉精神"，才有了台儿庄战役中火攻陶墩、智取朱庄、激战郭里庄、迫敌后撤的壮举。

第四节：台儿庄火攻陶墩

　　日本侵略军 1937 年 12 月 13 日和 27 日相继占领南京、济南后，为了迅速实现灭亡中国的侵略计划，连贯南北战场，决定以南京、济南为基地，从南北两端沿津浦铁路夹击徐州。徐州地处津浦与陇海铁路的交会点，是苏、鲁、皖、豫四省重要的交通汇合处，有向东西南北转运兵力和后勤物资的枢纽作用，因此历来是兵家必争之地。中方控制了徐州这一战略要地，可攻可守。日方占领徐州可以贯通津浦线，切断龙海线，并威胁平汉线，且可作为向中国腹地进攻的基地。因此，双方对徐州的争夺，势在必行。而台儿庄又是徐州的门户，地处大运河北岸的一条铁路线上，是防御运河的咽喉。弹丸之地的台儿庄成了敌我必争之地。

　　1938 年 3 月，台儿庄战役爆发。1938 年 3 月 24 日，日军第 10 师团矶谷廉的部队占据了藤县后，以其中的一小支部队进占韩庄，又以濑谷旅团为主力沿台枣支线推进，准备迅速占领台儿庄为根据地，进而向徐州发起强攻。

国军统帅是第5战区司令长官李宗仁。国军在李宗仁将军的指挥下，为确保台儿庄阵地，保卫徐州，调整战略部署，准备聚歼孤军突入的濑谷支队。当天，蒋介石亲自到徐州视察，并组成中央临时参谋团，协助李宗仁指挥。

与此同时，共产党方面命令新四军在淮河流域配合国军，起到对日军强大的震慑作用，遏制了津浦路南段日军北上与南下日军相集结。周恩来还派出新四军代表会见李宗仁将军，向国民政府军总参提出作战方针建议，并得到了李宗仁赞许和采纳。经过多方考量后，李宗仁决定利用台儿庄以北的山区、湖泊有利地形，给日军以沉重打击。

火攻陶墩是台儿庄序战的开始。国军总部侦知日军主力已推进至枣庄附近后，第73旅接到快速进攻枣庄的命令，戴安澜立即率部队前往。日军负隅顽抗，戴旅长则令众多士兵四处收集木梯。

天亮前，戴安澜让将士们收集了上百个木梯。木梯上被蘸了汽油，每个木梯后面都站了几个手持火把紧张待命的士兵。站在掩体外的戴安澜等军官举着望远镜瞭望。戴安澜命令道："传令点火。"

村庄里回荡起传令声：

"传令点火！"

"传令点火！"

站在山北面的将士高喊："第一排点火！"

几个士兵迅速点燃了蘸汽油的木梯，突然形成遍地火烧日军之势，大出日军所料。

日军主帅发疯似的指挥着，他歇斯底里地狂叫，被大火的阵势惊呆了，日军官兵似乎清醒了过来。

因为白天日军有空中优势，第73旅则采取昼伏夜出的做法，在陶墩实施村村火攻，歼灭了日军赤松联队。这就是在台儿庄战役中，戴安澜给抗日战史留下的著名的火攻战例。

被大火烧傻了的日军这才反应过来，立即开始组织还击，炮火击中了国军的几辆装甲车。日军部队从各个山头俯冲而下，向第599团反击，村落里几处形成了近战、肉搏战。日军将领亲自上阵，带领骑兵队突然冲进战场，他骑马挥刀砍杀，日军士气大振。国军一营士兵纷纷向后逃避。

戴安澜见状跳出工事，拔出驳壳枪，命令道："上马，兄弟们，跟我冲啊！"在紧要关头，戴安澜身先士卒已经有过无数次了，周围的将士也拔出驳壳枪，紧跟着跃马上前。

戴安澜冲进了乱了阵的一营，试图阻止士兵退却。他高声喊道："冲！向前冲！退却的一律枪毙！"

但众士兵仍犹豫不前，戴安澜看到一营长也在退兵的队伍

中，立刻对他怒目相视，忍无可忍地大声斥责道："你身为营长，不该冲在前头吗？"营长一下子吓得说不出话来，仍然不敢冲，还是一步步向后躲闪。

戴安澜气得一咬牙，顺手一枪将营长击毙，接着高喊一声："兄弟们，给我冲！"顿时，国军士气大振，戴安澜带领士兵冲进肉搏圈中。一场混战之后，终于击退了日军的反扑。

1938 年的台儿庄战役，戴安澜发挥了卓越的指挥才能，在陶墩、朱庄的战斗中，他有勇有谋，火攻陶墩，计取朱庄，为台儿庆会战奠定了胜利的基础，完成了将台儿庄日军主力包围的作战计划，并将其兵力歼灭了一半，日军残部只能负隅顽抗。

第五节：台儿庄战役被误认为"俄籍军官"

从 3 月底至 4 月初，戴安澜率 73 旅猛攻义县的日军，在台儿庄大战中火攻陶墩、智取朱庄、激战郭里集，为整个战役的胜利做出成绩。为了争夺台儿庄，日军一次一次地增加兵力，并利用炮兵及机械化部队，共发射了野炮 70 余门、重炮 10 门、战车 10 门，战车 30 余辆，对国军展开猛烈围攻。戴安澜旅长率部协助迎击，大战两昼夜，将此股日军击破。这次战役由国军诸部联合作战，协同攻击台儿庄的日军，共歼灭日军 1 万多人，威震中外！

国军台儿庄大捷之后，日军由津浦路增援，以猛烈的炮火向国军反攻；另聚集日军第 5、第 10、第 103、第 105、第 110 等师团各一部及山下军团、酒井兵团，与国军对峙于杨家集至艾山一线。

日军持续不断地进攻艾山，戴安澜身先士卒，亲临第一线指挥杀敌，他的驳壳枪的抢眼也打得冒烟。我军坚守了四个昼夜，终于击退日军一次比一次猛烈地进攻，日军向国军阵地猛扑数十次，均被击退，官兵们的眼都打红了。日军电台曾广播："中国军队有一俄籍军官，指挥有度。"那位"俄籍军官"便是戴安澜，其出色的指挥与儒雅外表，使日军错把他当成了洋人。其实，每次战斗中，身材魁梧的戴安澜总是冲锋在前，并且作战勇敢、指挥有方，使日军闻风丧胆而误传。

日军久攻虎皮山不下，将目标转移到大小刘庄，日军集中兵力将小刘庄攻下，这时友军多次反击不能奏效，关军长命令73旅攻克小刘庄。如何消灭这股日军，夺回小刘庄，戴安澜在与日寇的作战中已经总结出日军在战斗时常使用一中队的兵力攻防，防御时仅正面配备力量，反方向仅以少数兵力攻击的战法，而攻击刘庄的日军恰好是正面防御，而从反方向攻击刘庄。因此，戴安澜接到命令后，立即组织一部分兵力潜伏在日军的一侧，一部分兵力向日军的正面进行攻击，日军注意力被调动，此时又用山炮四门和炮弹200颗，打乱日军布阵，侧伏在两旁的军队冲上，一鼓作气地将占领刘庄的日军全部消灭，我军阵地失而复得。

4月6日晚，国军全线攻击濑谷支队。战至4月7日凌晨，除了一部分日军突围至峰县附近固守待援助外，其余的日军全部被歼灭。台儿庄战役历时半个月，国军付出了巨大的代价，伤亡达7500多人，而我军则取得了歼灭日军1万多人的巨大胜利，沉重地打击了日军的嚣张气焰，鼓舞了全国军民战斗的斗志和必胜的信心。

在徐州会战中，由于戴安澜战功卓越，被破格提拔为89师副师长。当戴安澜离开73旅时，他深情地写信给全旅官兵表示慰问，并引用太平天国名将石达开的名言："忍令上国衣冠沦于夷狄，相率中原豪杰还我山河。"以表示尽管大家分离了，不在一个部队，但是还是要和大家一起奋勇战斗，打击倭寇，将日本侵略者逐出中国。徐州会战结束后，日军进攻武汉。8月上旬，戴安澜奉命率部队在瑞昌至阳新之间阻击日军，参加保卫武汉外围的战斗。结果，以凶狠顽强著称的敌第九师团损失惨重，补充兵员达9次之多。

抗日英雄
小故事

第三章 成为 200 师师长

第一节：最精锐的机械化 200 师

1932 年，为了建立机械化部队准备人才，国民党军部成立汽车训练班，请了德国顾问皮尔纳父女二人做教官，皮尔纳教授各种车辆驾驶、修理和战车战术，皮尔纳的女儿教授数理化文化课程，学员从中央陆军军官军校第 8 期毕业生中挑选。那时的装备，不过是普通汽车加装钢板，号称"装甲汽车"，以及 10 余辆摩托车和一辆奔驰履带拖拉机，并无真正的战车。

之后，孔祥熙通过香港怡和洋行从英国购入 32 辆"维克斯"型战车和若干当时称为机器脚踏车的"哈雷"牌两轮摩托和三轮摩托，在南京编成战车营。蒋介石则又在南京丁家桥组建了辎重兵学校和机械化学校。自此，培养机械化兵种的专门学府正式诞生，机械化兵种也正式成为独立兵种，其军衔自成体系，用银白为底色。后来，蒋介石又在南京方山扩建了陆军装甲团，其他兵种的团长的军衔都是上校，唯独装甲团的团长的军衔是少将，由蒋委员长的爱将杜聿明担任，足见蒋委员长对杜聿明杜将军的信任和对此装甲团的重视程度。

1938 年初，苏联以换货形式援助中国的 T-26 战车和自意大利购入的"菲亚特"战车、德国产装甲汽车、奔驰柴油卡车、美式福特卡车、意大利产摩托车数百辆陆续输送至湘潭，这时装甲团在湘潭扩编为第 200 师，以原团长杜聿明担任该师首任师长，由军事委员会直接指挥。这时的 200 师，才被称为中国军队的第一支机械化部队。

1938 年 4 月，200 师的搜索营出动装甲车 12 辆，参加了台儿庄战役，担任搜索警戒任务。

1938 年 10 月，200 师扩编为新 11 军，1939 年改称第 5 军，扩编后，部队移驻广西全州，杜聿明担任中将军长。中国的抗日战争也由此全面展开后，戴安澜在部队里从连长做起，先后率领部队参加了保定、漕河、台儿庄和中条山等战役，由于作战勇敢、屡立战功，连连升级。

1939 年 1 月，戴安澜到湘潭去接替杜聿明，升任为陆军第 5 军 200 师师长。到任后，戴安澜决心要将 200 师"竭尽全力，练成劲旅，为国驱驰，歼彼倭寇"。

戴安澜接任师长后的第一件事便是了解全师排长以上军官的简历。他把简历分成团、营及直属部队等几个部分。他先把一个营的军官简历熟记以后，再按顺序定时定名招来个别谈话。不到半月，全师军官（军佐不在内）的姓名他几乎都背得出来了。而一般的将士担任主官，手下虽然只有十多名官佐，他们的姓名、籍贯和个性等未必都可以全部记清。

参谋处主任曾问戴安澜："老师，你有什么窍门，能在这样短的时间内把全师军官姓名记得这样清楚，而且从背后还能叫出他们的姓名？"

戴安澜说："窍门只有一个，就是要死记硬背。当排长的要能熟记全排士兵的姓名。战场上从后面就能叫出士兵的姓名，才能当好排长。当师长的也是如此，要记连长以上军官的姓名，否则就不合格。"到任不过月余，戴安澜调整了一批排、连、营长，该升的升了，该免的免了。可是，200师多次变动后，戴安澜对每一个人仍然可以如数家珍，这使得全师官兵无不惊奇地佩服，称赞戴安澜为"神通"师长。同时，200师的考核也非常严格，例如年轻军官的晋级考试在一张长桌旁，应试者被黑布蒙眼，把一挺轻机枪全部拆散，然后再将拆散的零件一一装上。不少应试者过不了关，有的甚至急哭了。

在戴安澜的严厉要求和不懈努力下，他所率领的第200师成为一支真正的机械化部队，也是当时中国唯一一支摩托化炮兵师，全师装备精良，有坦克、装甲车、摩托车和大口径火炮等。200师全体官兵经过十个月的苦心整训，训练有素，也已非昔日的散兵弱伍，其作战能力在当时的中国军队中堪称首屈一指，并多次奉命担当正面攻关。1940—1941年国民党部队的两次实弹检阅，将军带领的200师两次被评为练兵成绩全国第一名。

第二节：鼓舞将士们的斗志

200 师在湖南整训时，戴安澜将军非常关心青年人的学习，经常对青年人说，现在国家多事，青年人要多读书，将来才能有作为，才是国家民族所需要的人。对于那些素质好、有前途的青年人，戴安澜十分热心地去帮助他们，介绍他们进入军校深造，他说这样就可以为国家做出更多的贡献。戴安澜将军还十分重视士兵的学习和娱乐，关心士兵的教育。他积极地支持部队创办的《战鼓日报》，并为《战鼓日报》出版题词：

抗日英雄小故事

普通刊物是代表大众之呼声

军队刊物是抒发官兵之心情

戴安澜还要师部拿出一大批经费，给每个连队购买许多纸笔文具，以及一套锣鼓等娱乐器具。为了丰富战士们的文娱生活，戴安澜经常组织 200 师的官兵开营火晚会，在晚会上演出《放下你的鞭子》，齐声高唱《松花江上》等节目，鼓舞大家的斗志。他有时客串表演京剧《打严嵩》中的御史邹应龙，借痛打奸臣严嵩，来抒发自己的忠贞爱国的志向。戴安澜提倡正当娱乐和识字教育，这对于提高士兵的学习兴趣和自身修养都起到了积极的作用。

台儿庄战役后，戴安澜的部队经过稍稍整顿后，又继续南进。出发时，戴安澜恐怕官兵们气馁，特地把军队集合起来讲话，向大家说明，日本最初希望对中国不战而胜，后来改为速战速决，现在为了苦战求胜，在战略上已经出了下策，纵使在战术上有苦战成功，但终究不能够挽回已成的定局和失败，现在日本在国际上陷入孤立，大战不久就要降临，我们应当培养实力，以待时机，日本亡我的时机已经过去，目前军事的失利，只是一时的现象，我们应该鼓足信心，以求得最后的胜利，如果自行气馁，则真是失败了。为了坚定全体官兵的决心，戴安澜特地当场诵读文天祥的《过零丁洋》诗一首：

> 辛苦遭逢起一经，干戈寥落四周星。
>
> 山河破碎风飘絮，身世浮沉雨打萍。
>
> 惶恐滩头说惶恐，零丁洋里叹零丁。
>
> 人生自古谁无死？留取丹心照汗青。

戴安澜重点向官兵们强调了最后两句，并要求各级官兵熟读《过零丁洋》《满江红》等诗词，以此坚定自己的抱负。稍后，部队到河南新城，住在一个小学内，戴安澜看到该校的师生对战况非常的悲观，他决定晚上7点集合全校师生讲话，向师生介绍一些最近的战况，并将上午出发时对部队的讲话重述了一遍，最后专门讲了法国小说家都德的短篇小说《最后一课》的故事，他向大家强调说明这个故事旨在宣扬维持民族精神于永久，鼓励大家要振作起来，要看到光明的未来。他讲完以后，师生们热烈地鼓掌，脸上露出了喜悦、自信的微笑，戴安澜也感到由衷的欣慰。

第三节：昆仑关告急

1938 年 6 月至 10 月，中国军队在武汉地区同日本侵略军展开了大规模的武汉会战，战场遍及安徽、河南、江西、湖北 4 省广大地区。大小战斗数百次，历时四个半月。1938 年 10 月，日军占领武汉和广州，为了切断中国的最后外援交通线，发动了入侵广西的战役。1939 年冬，在海空军的掩护下，日军在广西钦州登陆，先占领了南宁，后攻占了南宁东北五十公里的昆仑关。

昆仑关为南宁北侧的天然屏障，地势险要，易守难攻，占领了昆仑关，南宁就很容易得到，历来为兵家必争之地。国民政府面对来势汹汹的日军，急调重兵阻挡，急令第 5 军立即出发，在日军还没有占领南宁以前赶到，务必以优势兵力，将入侵的日军消灭。杜聿明军长接令后立即召集各师长紧急会议。会上，戴安澜首先主动要求 200 师担任先遣部队，杜聿明同意了他的请求。

远在五百公里之外的第 5 军 200 师即日出发，乘火车先到柳州，然后乘汽车赶赴南宁。当第600团和参谋处部分人员刚到柳州时，戴安澜当即带了两名卫士、一位侦察参谋，乘了一辆吉普车，奔往武鸣。此时武鸣县人民大部分撤走，日军已于前日攻占南宁，所有守军均已北撤。在此紧急情况下，戴安澜立即赶回宾阳，先派第600团兼程赶到昆仑关，抢时间先占关隘堵截日军。

1939年12月，戴安澜率200师奉命赶到昆仑关后，立即部署，准备战斗。当时由号称"铁军"的日寇第5师团的主力第12旅团把守昆仑关，自称有"金汤之固"。北宋皇祐四年（1052年），大将狄青讨伐侬智高，曾驻扎在关下。他趁元宵节深夜，日军麻痹大意，挥师渡关，大败日军，留下了"狄青元夜夺昆仑"的故事。戴安澜深知昆仑关的重要性，面对强敌，他镇定自若地分析了双方形势，在摸清敌情的前提下，决定采取迂回包抄，关门打狗的策略。杜聿明命令200师担任正面主攻，同时第5军其他部队奉命切断日军退路。

12月17日拂晓，200师与友师在战车与轻重火力的掩护下，向日军发起了猛攻。驻守在昆仑关上的是日军第5师团的部队，日军第5师团是板垣征四郎的旧部，这个师团被称为"钢军"，以顽强悍战著称。其中少将中村正雄残暴无比，被日军称为"折不断的军刀"。现在在昆仑关上，两军狭路相逢，面对200师的进攻，日军用大炮还击，拼命抵抗。戴安澜沉着地指挥着战斗，命令他的部队集中火力压制日军。刹那间，昆仑关上烈焰升腾，乱石横飞。炮击过后，戴安澜命令步兵发起冲锋。598团团长高吉人，599团团长柳树人身先士卒，率领战士们勇敢地冲了上去。激战进行了整整一天，直到深夜，200师最终肃清了关上的残敌，夺回了昆仑关。

日军第5师团得到200师战胜的消息后，急令第21旅团长中村正雄少将率领三个联队的人马反扑。19日，日军在十几架飞机，数辆坦克的掩护下重新占领了昆仑关。戴安澜冷静地分析了形势，认为要保住昆仑关，就必须阻断日军的增援部队。他请第5军的其他部队协助配合，在经过几天的苦战之后，终于切断了昆仑关到南宁间的公路，第二次收复昆仑关。中村正雄和他的三个联队被包围在昆仑关上，日军已无退路，拼死顽抗，昆仑关再次得而复失。几天后，昆仑关再次被日军占领。

第四节：元旦夜夺昆仑关

12月23日，戴安澜的部队和友军再次对昆仑关发起了攻击。几天内，昆仑关在敌我之间多次易手，双方的军旗在昆仑关上轮番飘扬。昆仑关下，我军的战车和鬼子的坦克叠撞在一起，浓烟滚滚；我军战士和鬼子尸骸枕籍，血流成河。戴安澜的200师损失很大，但他鼓励部下咬牙坚持，一定要拿下昆仑关。31 日，敌我双方的战斗进入了白热化状态，高、柳二团长的部队在关前与日军展开了白刃格斗。戴安澜闻讯后，意识到关键的时候到来了，立即率师直属预备队赶到火线，亲赴战壕指挥，冲锋陷阵，投入作战。他高声激励大家："宋代狄青上元三鼓夺昆仑，今天我 200 师也要在元旦拿下此关。弟兄们，为民族争光，为现代革命军人争光的时候到了。"战士们看见师长助阵，军威大振，端起刺刀直扑向鬼子。200 师与日军在周围山头反复争夺，日本鬼子由于连日历经数十次大小恶战，疲惫不堪，再加上给养接济不上，几天来一直以草根、树皮充饥，因此人困马乏，虽然拼命抵抗，但再也挡不住 200 师的猛冲，从关上四处逃散，三个连队的人马大部分都被消灭了。

12 月 31 日，中国反攻军队肃清了昆仑关全部残敌，200师终于把胜利的旗帜插上了昆仑关。戴安澜率领部队击毙日军6000 多人，并击毙日军前线指挥官中村正雄少将。打扫战场时，在中村正雄尸身上搜出了一个日记本，村正雄写道："帝国皇军第 5 师第 21 旅团，之所以在日俄战争中有'钢军'称号，那是因为我的顽强战胜了俄国人的顽强。但是，在昆仑关我应该承认，我遇到了一只比俄国军队更顽强的军队。"

1940 年 1 月 10 日，200 师在向八塘以西 300 高地攻击时，接到上级命令，"不必强攻，固守原阵地以待换防"，但日军的炮火仍在不断地轰击。11 日下午，戴安澜亲临前线指挥，巡视检查阵地时，戴安澜奋不顾身地端起机枪，跳出战壕扫射日军，指挥所的全体士兵眼见师长的壮举，也都奋不顾身地冲出战壕与日寇死拼……战斗中，戴安澜暴露了目标，不幸受伤。由于 200 师勇猛杀敌，击溃了日军先头部队，赢得了时间，使得第 5 军主力及时赶到昆仑关附近投入了战斗。这时杜军长得知邵团长阵亡、戴安澜受伤，马上打电话，要戴安澜到柳州医院治伤。

戴安澜中弹受伤，血流不止，但还是说："……我受了一点轻伤，现在已包扎好了。不打退日军心不甘，绝不下火线。"

杜聿明说："你先去医伤，消灭日军有我们后续部队。"戴安澜仍旧坚持不走，杜聿明最后下命令要戴安澜马上乘车到柳州医院。

幸运的是，炮弹从左边肩胛打进去，到了心脏之后转了一个弯，弹片没有进入心脏，医生把那个钳子从那个伤口里头进去，把很大的一块黄纱布拿出来，用很多药水清洗伤口。戴安澜手抓住床，越抓得很紧，很痛苦，一如《三国演义》里关云长刮骨疗毒。

戴安澜指挥部队第三次收复昆仑关的消息立即传遍了国内外，戴安澜的英勇事迹被各家报纸刊载，国内报纸称戴安澜为"当代狄青"，被蒋介石称赞为"当代之标准青年将领"，

连日本东京的新闻广播机构也不得不承认这一仗中国军队打得壮烈。戴安澜一夜之间成为家喻户晓的民族英雄，他因此受到国民政府的表彰，获得了四等宝鼎勋章一枚。病好后，为纪念昆仑关的胜利，戴安澜飒立仙女指挥所口占七言绝句一首："仙女山头竖将旗，南来顽寇尽披靡。等闲试向云端望，倩影翩翩舞绣衣。"

昆仑关战役一个多月，歼灭日军号称"钢军"的第 5 师团第 21 旅团，包括中村正雄少将旅团长、第 42 联队长坂田原一大佐、第 21 联队队长三木大佐以及大队的长官，该旅团班以上的军官死亡达 85%，士兵死亡 4000 余人，200 师写下了抗日战争史上辉煌的一页。

第五节：亲临一线指挥作战

在国民党军中，戴安澜是个名将，很能打仗，这是大家公认的。但也有些许微词，有人说他只是个将才，称不上是帅才，说他枪声一响就在指挥部里待不住，总是往火线上跑，越是危险的情形，他越是上前。这些人认为统帅是不上前面去的，所谓运筹帷幄、决胜千里才是统帅的作风。戴安澜对这些议论从不放在心上，他认为自己不过是一名普通的战地指挥官。他知道打起仗来，如果指挥官可以随时掌握第一手战场动态，到第一线察看地形，能够更好地找到克敌制胜的办法。所以，他从来就不曾改过亲临指挥的习惯。

有官兵向戴安澜将军提建议，要他当大将，而不要当战将。戴安澜问这些部属们大将与战将有何区别，这些部属们说："身先士卒，勇冠三军，斩将夺旗，杀敌致果，这是战将。明耻教战，整肃三军，人民信仰，安定国本，杨威国外，威慑日军，不战而胜，这是大将。关羽、赵云、岳飞等是战将，诸葛亮、郭子仪、裴度等是大将。"

戴安澜听后说："真是高论，但是我哪有诸葛亮的才智啊。"他向部署们解释道，"在战场上，他之所以这样做，是因为这对于取得战斗的胜利有着重大的意义。首先，士兵们看见自己的长官在第一线，与他们在一起，有了一种安全感，给他们增添了信心和勇气，大大地提高了战斗力。其次，对于指挥官来说，亲临第一线，可以直接了解到战斗进行的状态和发展的趋势。这有利于或按照原定作战意图实施攻击或防御，或即时地调整战术，以取得战斗的胜利。最后，亲临第一线，可以了解日军的战术，可以在实战中总结战术动作，提出的军事训练要求更有针对性。"

他举例说，在古北长城抗战时，一天，他和一些官兵去侦察地形，在城墙上被日军发现，日军用轻机关枪一挺，步枪十余支，追随射击。当时，他们所在的地方离下城去的路口还有

60 米，就这样一段短短的距离，他们在突围中却整整花费了一个小时的时间。他们尝试用忽前忽后等诸种无规则运动来躲避日军，但没有能够脱离日军火力的控制。最后，他们几个人分散行动，才得以脱离。从这件事情上，戴安澜总结出，日军轻、重机关枪与步枪的射击法运用很成熟，我军在训练中要加强这方面的训练和教导，迎头赶上去。另外，对于这种轻机枪与步枪联合封锁设计、压制设计的方法要按照当时所处的地形和地貌以及人员的情况，采取灵活的战术动作来加以对付，这样才能保存自己的有生力量。戴安澜将军语重心长地对部属们说："如不亲自上第一线如何对这些能够了解呢？这些都是用血和生命换来的经验。"部属们听到戴安澜的讲述后，都深为信服。此后，200 师的将士们作战时，也都更加愿意亲临一线指挥，并且更加注重在实战中去总结战斗经验。

第六节：穿戏服给老家拍照

昆仑关战役后，戴安澜退入北平养伤。他自幼喜爱京剧，对戏中人物的忠义奸佞，善良邪恶铭记于心。

一个晴朗的星期天早晨，照相馆来了一个人，带着大照相机和机架。京剧厉家班也来了两个人，带了戏剧的服装、帽子、靴子。到戴安澜家里后，他们和戴安澜交谈了一会儿，就给戴安澜脸上化妆。戴安澜的面孔被化装成老生的样子，最后，他被打扮成了京剧《打严嵩》中的忠臣御史邹应龙，穿戴上了官帽、蓝色罩袍、黑色髯口，在房前小斜坡上的树丛中拍了一张大照片。拍完这张照片以后，戴安澜脱去了这套戏服，又换上了京剧《珠帘寨》中的王者李克用的王者帽子、服装、靴子和白胡子，在树丛中又拍了一张大照片。

戴安澜是喜欢唱京剧的，拍完照片后，戴安澜卸完了妆。戴安澜的大儿子戴覆东在一旁看了觉得很好玩，也有些奇怪，于是问父亲："爸爸，你为什么今天要拍穿戏装的照片呢？"戴安澜微笑着回答儿子，说："你的爷爷和奶奶（祖父和祖母）自从抗战以后一直待在安徽省无为县的老家，他们一定会想念我，而我也很想念他们，所以我就拍照片寄给他们，让他们放心。可是家乡现在在敌占区，寄戏装的照片，可以迷惑日军，对两位老人也比较安全些。"戴覆东听了很是感动，默默地点了点头，心里感到作为将军的父亲，对爷爷奶奶的一片孝心和苦心，实在了不起。

戴安澜还指示 200 师创建了一个文工团，排演一些思想积极又为官兵们喜闻乐见的节目。戴安澜也曾亲自化妆登台，和演员们一齐演唱：

我的家在东北松花江上，

那里有森林煤矿，

还有那漫山遍野的大豆高粱。

……

在台上演唱的戴安澜师长激动得满面红光，台下观看的官兵们无不热血沸腾、心潮澎湃！

戴安澜最喜欢的还是京剧，如擂鼓破金兵的《梁红玉》《武家坡》等。他还在全州资助了一个民间的京剧戏班子，并客串了几次角色。戴安澜在《打严嵩》一剧中饰演御史邹应龙，借着痛打明朝奸臣严嵩，抒发自己报国的忠贞之志。

戴安澜在寄照片的信中，再次提及想要接父母来自己的身边，而戴安澜的父亲却仍然坚持要留在战区，为乡里排解纷扰。戴安澜的父亲戴礼明古道热肠、急公好义。安徽无为沦陷后，日本鬼子将其祖屋拆毁，改建碉堡。戴安澜屡请父母赴后方奉养，但父亲戴礼明护乡心切，誓与日寇势不两立，不愿逃难到大后方。他率领子弟兵入山打游击，与敌周旋。

戴安澜的父亲在回信中说：

儿志在国，我志在乡，今全民抗战，余决为乡里尽全力……

1941 年冬，父亲戴礼明因忧病交加，离开人世。当时戴安澜正奉命远征在即，家人连噩耗也未敢告诉戴安澜。

戴安澜的母亲汪氏孺人，亲友乡里都称赞她贤淑，后来，被家人接到广西，由儿媳王荷馨赡养。但戴安澜即将出征缅甸，终未能去广西与老母亲见上一面！

古话说，忠孝不能两全！忠于祖国、忠于人民的戴安澜将军，义无反顾地率领 200 师出国远征了！

抗日英雄

戴安澜

第四章　争做合格的现代军人

第一节：严谨带兵，爱兵如子

戴安澜治理军队非常严厉，对于部队的纪律要求则十分严格，且赏罚分明，绝不宽恕。行军中，有时戴安澜将军故意落在最后观察军纪。

部队驻防在云南昆明一带时，戴安澜每天晚上带着大儿子挑灯夜读，直到儿子困倦累了，趴在桌上睡着了才罢休。第二天天不亮，起床号响了，戴安澜就起来，他又拽起儿子，两名卫士在其一前一后，就这样摸黑儿走在乡间的田埂上。经过不短的路程，每天来到一个部队宿营地，在军官住房前等着起床号吹响。到操场检查部队出操情况。待部队列队完毕，起床号一落音，戴安澜马上跨步进屋。

戴安澜一般不查士兵的宿舍，专查军官，不管你是连长、营长，只要还躺在床上，他上前二话不说，一把掀了被子，不客气地拎着耳朵把不出操的军官拽起来。部队操练时，等到操练完毕，再返回住处，洗脸刷牙吃饭。除了星期日以外，每天都是这样。一来二往，200师所有的军官都再也不敢贪睡了。

戴安澜对部下、对士兵也十分爱护。凡是和戴安澜接触过的人都说他平易近人、和蔼可亲。特别是那些下级青年军官，在没有见到他之前，都以为他是长官，又是战将，难以接触。可是一见面，戴安澜满面春风地迎接他们，使得他们紧张的心情很快放松。通过交谈，他对青年军官的情况有所了解，并不时以诚恳的态度对他们给予建议。对于这些青年人的生活习惯，戴安澜也十分关心，他经常了解他们的生活情况，如果饮食上不习惯，他会要求伙房尽可能地按照他们的口味去调理，予以照顾。戴安澜还经常给这些官兵讲故事，通过讲故事把道理寓意在里面。

在对待士兵的问题上，戴安澜十分宽厚公正。在一次审讯士兵殴打长官的案子时，该士兵所在营的长官，多次要求将士兵枪毙。戴安澜就对他们说："这个士兵是犯了法，但是如果不问清楚原委，也不管案情的轻重，动辄以枪毙处置，实在是社会不安定的主要因素。"戴安澜进一步对他们说："对这种问题的纠正办法，唯有养成守法遵纪的观念，上下相维，行动便不会越轨。"

有一次，戴安澜训斥一名违纪的士兵，说着说着就来了火了，挥手要打，这名士兵一看不好，便一溜烟地跑了，他追了几步就不追了，直说："可恶！可恶！"在戴安澜身旁的见习军官对他说：这个士兵太不懂纪律了。戴安澜笑着说："士兵知道我的脾气，跑了没事，士兵太苦，操练繁重，得不到休息，犯了纪律，说说算了，打他做啥？"

在华北战场时，天气变冷，而士兵却仍穿着单衣，没有棉衣可以供应，戴安澜带头捐款，为士兵制作棉衣。在他的带动和影响下，团营连各级军官也纷纷捐款，帮助士兵添置棉衣。戴安澜对这批年轻的军人十分关心，和他们同吃同住，既是长官，又是教官，晚上查岗查哨，夜间到宿舍帮助学员盖好被子，使得学员们深受感动。在有一次攻守的演习中，士兵的手脚被作为防护工具的山柴刺伤多处，鲜血淋漓，戴安澜看后，极为痛心，立即要求各部队将演习场上的山柴头都要做成钝形，不得刺伤士兵，如果不按照命令做，仍然使士兵受伤，所有的医药费，由士兵所在部队的连排长负担，可见他爱兵犹如慈母。

第二节：始终热爱文化知识

在战场，戴安澜骁勇善战，在平时，他治军有方。同时，他也被称为一代儒将。戴安澜酷爱读书学习，博学多才，有记日记的习惯，只要战事不是特别紧张，他都坚持不辍。在他遗存的日记中，有百分之八十是关于学习的情况。其中有的是记载学习有所进步的，心中十分愉快；有的是在学习中遇到困难，心中十分焦急烦闷，不断地鞭挞、督促自己要抓紧，不要气馁；有的是感到学习的方法不对，认识到在读书时，如果过于求速度，虽然书可以读得多一些，但能够应用的就变得少了，能够记得住的就更差。

学贵及时，是戴安澜将军的格言，同时他还对自己立下规矩：一事不知，不更二事，一书不解，不读二书，由此他找出了正确的学习方法。他从没有放松过学习，每一年的年初，戴安澜将军都要给自己制订下一年的学习内容、读书的规模计划，制订出要看的书目和课程计划表，年底将计划与一年的实践对照，看看一年学习完成的情况。当戴安澜将军由团长升任旅长后，团队中许多烦琐的杂事得以摆脱，具体军务大大减少，他想到的不是可以好好地清闲一番，而是决定要利用这一机会研究学问，以充实自己。戴安澜将军有较重的脚气病，经常需要护士给他消毒治疗，在这一段时间里，当医护人员操作时，自己可以手捧书本阅读。对于无谓的应酬，他十分反感，尤其是上司集合应酬，不仅令人烦闷，还要浪费许多时间、精力，他觉得真是无聊，并时时警告自己："如果放过了大好的时光，就真的追悔莫及了。"

戴安澜从小读书，打好了语文基础，特别是古文比较好，但旧式教育使他在数理化方面的现代科学知识有欠缺。从军之后，他发奋补上这一课，虽然得到了一些补充，但从黄埔军校毕业后到了部队，他仍感到知识不足。在实际的战斗中，他深刻地认识到一个军人应当掌握现代的科学文化知识的重要性。于是，行军打仗之余，他总是抓紧时间读书，即使是一直处于战斗的生活中，他也极其愿意在炮火连天的战场中获得丰富的知识。他利用业余时间补习几何、代数、物理、化学、英语、

机械，经常学习到深夜。戴安澜将军认为不要为了学习而学习，而是要学以致用。

军中有文化、有专长的人渐渐地都成了戴安澜的老师。不光是学文化，学军事他也能放下架子，向部下请教，学习机枪知识，就找机枪连长；学习工兵知识，就找工兵来教。戴安澜将军经常向汽车连、防化连、重机枪连技术好的连长们求教有关汽车、防化武器和重机枪的构造原理和使用方法。开始时，这些连长们看到师长来求教都感到十分惶恐，都说："师长职位比我们高，我们怎么能教你呢？"戴安澜将军真诚地对他们说："知识是没有军阶的，我会，我就是你们的老师；你会，你就是我的老师，你们大胆地教，我一定认真学。"这一番话打消了连长们的顾虑，在无拘无束的气氛中，他们向师长讲解这些武器装备的构造、原理和使用方法及用途。戴安澜将军很认真地学，不多久，戴安澜就掌握了这些武器装备的使用和管理。他这种拜师求教的学习方法，不仅使他的知识大增，也使他和部属们的关系融洽，获得了大家的尊重。

第三节：时刻总结战斗经验

戴安澜是一位文武双全的儒将。在长期的军旅生涯中，他对抗日战争的战略和战术问题有很深远的思考，并充分利用战斗间隙和受伤养伤的时间先后撰写了用于军事训练的《痛苦的回忆》《磨砺集》《磨砺续集》和游仙体小说《自讼》四本书，这些书的主要内容都是从政治思想上教育长官士兵爱国爱家爱人民，从军事上帮助长官士兵，正确运用战略战术，提高官兵的作战水准。

他的遗文《训令》《二十七年元旦日告官兵同志书》《军人的特性》《用人要诀》等，也阐述了他的军队教育思想。如"要树立远大的抱负，养成求学嗜好""我们军人的责任就是保国为民""要忠于国家忠于职务，要战必胜守必固，要廉洁自爱，自重重人""要知人善任，树真理之风气"……

戴安澜参加过北伐，抗战之前，他率部队在河北古北口战场与进犯日军对垒。当时的战士由于不熟悉战术，死伤很多，戴安澜十分心痛。1933 年春天，日军进犯华北，在长城抗战中，时任第 17 军 25 师 145 团团长的戴安澜率部坚守古北口长城一线。一天，为弄清日军机枪与步枪如何协调作战，他亲自带上两个营长和卫士摸到前沿去观察敌情，被日寇发现，一挺轻机枪和数支步枪封锁了他们退路。日军训练有素，配合默契，打得戴安澜一行人抬不起头来，原本他们只要往下撤 60 多米，日军的火力就打不到了。可是，就是这个平常只需要一分钟就能跑到的一小段山路，戴安澜等人却用了两个多小时。他们几乎找不到日军射击的火力间隙，机枪子弹打完，步枪马上跟上，步枪一停，机枪换好了子弹，又打响了。而且，日军士兵的枪法既准且快，很难逃过他们的火力追踪。就在这生死系于一发之际，戴安澜还爬在石头后面静静地听日军的枪声，终于悟出了他们步机枪配合的奥秘。与日军的交战中，他深感中日军队在训练水平上的差距，这种差距徒使无数中国士兵白白血洒疆场。回来之后，在战斗中戴安澜手臂受伤，然而却对古北口之血战仍耿耿于怀，那次激战虽让日军受到重创，但他亲睹中国士兵由于不懂战术而伤亡惨重。在养伤期间，将实战中领悟出来的经验教训整理成册，编写了自己军旅生涯的第一军事训练教材《痛苦的回忆》。在这本教材中，他对军队的训练和作战的方法提出了许多改进，提出了我们的士兵应当如何保护自己、消灭日军的具体操作方法。在战术上，戴安澜将军总结出了不少具有哲理的作战要诀，如"长兵要短用，短兵要长用；低兵要高用，高兵要低用"，又如战士打枪，他说一定要三个"不打"，"第一个看不见日军不要打，第二个是瞄不准不要打，第三个打不死不要打等"，这在实战施用中都取得了良好的效果。

为了提高官兵的战斗力，做到训练有素，戴安澜将军根据现代战争的需要，总结了十多年战斗经验，编写成《磨砺集》一书，将军事学术系统讲解，对训练士兵的格斗、设计、警戒、侦探、战术动作等都提出了具体要求，并对营连阵地的组成、编排以及配备等提出了指导性的意见，这是一本全面论述军事训练的课本。按照这些要求，戴安澜将军集合 200 师全师军官，他亲任主官，一丝不苟，按照教材施教，分期进行严格训练。在教学中，戴安澜将军采用了启发式研讨，他认为士兵中一定有宝贵的经验和间接，但由于地位的悬殊，导致不能向主官即时汇报，他认为这是部队教育中的一个很大的弊端。为此，他命令连排分别汇集士兵，就教育、管理、生活、卫生、行军、宿营等十四个事项向士兵发问，不隐瞒，不忌讳，由文书人员真实记录，收集后按序汇订呈报，以了解士兵中的见解。他还经常将自己学习孙子兵法有关章节的体会书写出来，赠给各个长官，以此相互共勉。在戴安澜孜孜不倦的努力下，200师在当时全国军队的军事比赛中获得第一名，成为国民党军队中战斗力最强的部队，也是日寇最为敬畏的部队。戴安澜将军所编写的《磨砺集》也自然地成为当时军队训练的主要教材。

第四节：注重军民关系

戴安澜的部队每到一地，皆以纪律严明、富有战斗力而受到驻地百姓和上级的赞扬。戴安澜在治军中极为注重军纪教育，他所率领的部队始终保持着革命军的传统，对人民秋毫无犯，还常常帮助驻地的民众办好事。在完县，县长、士绅与民众对比其他部队，深感戴安澜将军的部队是文明的部队，于是更加热情，对于部队在完县的设防，人民给予了许多帮助。部队驻扎在安顺时，冬天戴安澜将军亲自帮助疏浚护城河，这更是融洽了军民的关系。每次要离开驻扎地时，戴安澜都要派士兵帮助群众打扫卫生、挑水，这已经成了习惯，还派出小组到每家询问，有没有损坏的东西，有没有借钱没有还的。当发现有雇用民夫、不给工资的官兵，戴安澜除了要官兵当面向民夫道歉，给予工资外，并处罚了擅自雇用民夫的官兵。当他听说驻地一个姓关的百姓的耕骡被他所在师的一个连长用病骡替换了，戴安澜当即电告副师长，请他立即查办。对这种不体恤民情的事，戴安澜将军十分气愤。同时，戴安澜也很注重自身的行为，时刻注意自己的言行。有一次，戴安澜着便装在昆明大街上的一家餐馆吃饭，到结账时才发现身上没带钱，若凭他的身份，只需打个招呼就行了。但戴安澜没有这样做，他对饭馆的老板说："我坐在这里，直到遇到熟人帮我结账为止。"然而，熟人没有遇到，倒是撞进来两个宪兵，这两个人一通大吃大喝之后，非但不给钱，还对老板骂骂咧咧的。戴安澜火了，上前对两个兵痞严厉训斥。这两个家伙一开始看见这个便装人，还想耀武扬威，后来他们知道了戴安澜的大名，吓得不住求饶，丢下饭钱，狼狈而逃。当老板知道眼前这位就是赫赫有名的抗战英雄后，说什么也不收戴安澜的饭钱。可戴安澜说一不二，坚持要付钱，一直端坐到天都快黑了，才碰见熟人，帮他付了账。因而戴安澜的部队非常受百姓们的欢迎，当部队再返回或经过原来的驻地时，老百姓都出门迎接或者送别。

有一次，部队在霍家左临行时，200师一个士兵买烟不给钱，老百姓向他索要时，他不仅不给，还欺负了店家。这让戴安澜非常的生气，除了让旅部代为偿还，他当着众多百姓的面对这个士兵给予了重罚，当地群众拍手叫好，同时这也教育了其他士兵。在部队从河南向湖南转移时，长距离徒步跋涉十分艰苦，有两名士兵瞒着部队，以"军事第一"为名，私自征用民船，并偷偷鼓励其他士兵搭船。民船行到武汉，他们却分文不付，下船后扬长而去。戴安澜接到船民举报并查实这一情况后，宣布将为首分子送军法处惩处。戴安澜看到军纪渐渐颓坏，人民受到压迫，苦不堪言，内心深感不安。他想我怎么能到处发现并捕捉这些违背纪律的人呢？他决心尽自己的职责整顿自己的部队，让大家不干扰百姓。

戴安澜立即组织将士们学习讨论，给将士讲了希腊神话中巨人安泰双脚若离开地面则所有的力量将要丧失的故事。讲完故事，他说："军队和民众的关系，恰如巨人和土地的关系，军队离开了民众就一定要垮台。要取得抗战的胜利，是离不开一支纪律严明的军队！"通过严肃的谈话，大家都受到了教育。部队到达湖南后，两名为首分子也认识到自己的错误，并决心悔改。戴安澜将军看到这一情况，又考虑到抗战需要人才，对他们进行严肃的批评教育以后，随即派到部队去锻炼，经受住了战火的考验。这一事件给200师的将士们留下了深刻的印象。

第五节：重视军队的训练和教育

戴安澜将军非常注重军队的训练和教育，对此倾注了大量的心血，他认为这是提高军队战斗力的重要举措，他说："管子有云：'国之守在城，城之守在兵，兵之守在人。'如果每一个士兵都能受到正确的良好的训练和教育，则兵强，兵强则城固，城固则国坚矣。"

在对官兵的教育上，他注重思想教育和提高官兵的觉悟。他强调军人的责任是"报国为民"。他对官兵们说，全中国四万万五千人的生命财产的安全，要靠军人来维护。200万军队，除自身之外，每一个士兵要保卫224个人，还有领土、领空、领海及大量资源和财产，因此军人肩头上的担子是十分沉重的，责任十分重大。

为了担负这样重大的责任，戴安澜将军提出作为一个军人要具备现代军人所需要的特性，那就是：

一定要忠和勇，即忠于国家，忠于职务。他尖锐地提出，现代军人应该有忠诚的精神，要充分地认识到，挽救国家危亡是我们的天职。军人要在危难的时候，贡献他们的力量，甚至是用尽生命来保卫人民、捍卫国家。因此，要充分地认识到，忠于职守、认真负责是军人的第一美德。

二是要勤和廉。古话说：勤能补拙。一个人不怕他怎么笨，只要他抱着锲而不舍的精神，必定能成功。只有勤奋，才能熟练，最后才可以达到熟能生巧的地步。为了树立官兵正确的生死观，戴安澜为官兵们讲了一个西洋故事。有一个猎人，三代以打猎为生，祖父和父亲都死于野兽之口，他母亲非常忧虑，刚好有一个教士到村中传道，劝猎人母亲入教。猎人母亲说，如果叫她儿子不打猎，她就入教。一天，教士问猎人："你祖父死在哪儿？"猎人答："死在山上。"教士又问："你父亲死在哪儿？"猎人又答："也死在山上。"教士便说："那多危险！你还敢打猎吗？"猎人反问道："你祖父死在哪里？"教士答："死在床上。"猎人又问："你父亲呢？"教士又答："也死在床上。"猎人便说："多危险，你还敢睡吗？"戴安澜将军说："这个猎人对生死观念十分达观，我们对于生死应该认清是泰山，还是鸿毛，重于泰山就是有价值的，轻于鸿毛就是没有价值的，由此去选定自己应该走的方向，毅然地前行。最后，戴安澜将军要求各位将士多负责任、多做事，看破生死，以勇往直前的精神从事自己的事业，并相信按照这样的思想去实践，将来人人都会成功。"将士们听完戴安澜的话后，无不深受鼓舞。

随着职位的升高，戴安澜将军率领的部队越来越多，但他大部分时间都是住在部队、疆场。晚上查哨，早上督促部队晨练。在73旅中，他检查某个部队的工事时，看到还没有行动，便问这是什么缘故？这个部队的长官对他说："我不了解旅长的个性，不敢去贸然做事。"戴安澜将军深感揣摩长官意志行事最危险，当时就对他说："我们服军役，就是为了尽到责任、报效国家，不必去知道长官的心理，只要凭良心去做事，就可以了。"他对一些军官不以战斗为主，而是迎合长官的做法给予了严厉的批评后，200师的官兵关系变得更加自由融洽了。

第五章 千里远征缅甸

第一节：由一条公路引起的战争

1941 年 12 月 7 日，日军偷袭美国太平洋舰队基地珍珠港，挑起了太平洋战争。此时，欧洲战云密布，为了集中精力对付德国，英国对日本睁一只眼闭一只眼。美国虽想通过援助中国来牵制日军，但"先欧后亚"的全球战略，让它对日本采取了守势。美、英两国的绥靖政策，大大助长了日本的野心，让气焰嚣张的日军占领了东南亚大部分地区及太平洋部分岛屿。

1941 年 12 月 23 日，为了达到迅速在中国作战的目的，日军推行以"断"为代号的作战方案，由陆路进攻缅甸，企图切断中国唯一的国际通道——滇缅公路，彻底打垮中国。3 月，日军攻占了缅甸首都仰光。日本从云南境内轰炸滇缅公路，并且对英国施加压力，要求英国从缅甸方面封锁公路。一场封锁与反封锁、绞杀与反绞杀的"公路战争"便由此展开了。英国军队在缅甸节节败退，滇缅公路全面告急。

滇缅公路究竟有何重要意义，以致日本千方百计地要封锁这条公路？

事实上，滇缅公路是此时我国保持与反法西斯盟国联系，

抗日英雄
戴安澜

并获得外援的唯一国际交通大动脉。卢沟桥事变以来，中国抗战所需的各种战略和民用物资，都需从西方进口盟国的战略物资，包括全部的汽油、煤油、柴油、橡胶、汽车配件和约90％的药品、钢材、棉纱、白糖、纸张，都是通过滇缅公路运输到中国来的，中国方面相当重视这条公路。如果日军切断滇缅公路，断绝中国同外部世界这唯一的通道，中国国内的各种战略物资储备，最多只够维持3个月。因此，当时日军甚至还狂妄地喊出了"3个月内灭亡中国"的嚣张口号。同时，缅甸与云南毗邻，是中国实施抗战的大西南防线的外围，假如日军在缅甸的战略得逞，中国的国家安全和民族生存将面临巨大的威胁。

1942年1月的一天夜晚，南京国民政府参谋总部灯火通明。参谋总部的官员们正在围绕中国是否派兵远征缅甸等问题，召开紧急军事会议。原来，日军偷袭珍珠港后，英国为了解除日军占领缅甸对印度的威胁，一面派两个师去缅甸坚守"大门"；一面特邀中国入盟，协同制敌。当时，为了确保中国与外界最后一条交通线的畅通，参谋总部加入美、英反法西斯的联盟，共同对日作战，同意派兵出师缅甸，与英国协同作战。同年年末，中、英两国政府签订了《中、英共同防御滇缅路协定》。美国总统罗斯福提出成立中国战区，任命蒋介石为总司令，随后美方派遣史迪威将军担任参谋长。

那么，究竟派哪几个师出征较为稳妥呢？经过中国最高统帅部一致同意，决定派第5、第8两军十万远征军入缅甸作战。第5军素有"劲旅"的称号，是中国的第一个机械化军，装备精良、训练有素。在昆仑关一役中，大获全胜，声威大震。赴缅抗日，蒋介石决定打出这张王牌，并给第5军配备了炮兵团。在参谋总部召开军事会议决策前，戴安澜已得知英国邀请中国派兵出征缅甸的消息，既兴奋，又惶恐。他对人说："为民族战死沙场，是男儿的分内事。"表示愿为祖国牺牲一切。10月，新闻记者采访时，戴安澜说："假如将来有这样的命令，那我很荣幸，因为最高当局能将这样重大的责任派交我和我的部队，我会很兴奋；另外，也有一种履冰临渊的戒慎恐惧心理，因为这一项工作的关系和影响实在太大了！"从此，他期待着远征的使命。

第二节：远征军三次被英军拒之门外

太平洋战争爆发时，第5军各部均担任昆明地区的防守任务，第6军主力驻开远附近，为滇南总预备队。第6军第49师在滇缅公路上的云南驿至保山一线担任护路任务；第93师的第277团进驻车里、佛海地区，对越南、缅甸方向保持警戒。蒋介石为了显示中国军队的实力与诚意，表示中国可以立即出动 3 个师，不久可再提供 3 个师。但是，英国方面傲慢地拒绝了蒋介石关于派兵入缅的建议，认为日军要切断滇缅公路，必然从中老或中缅边境下手。因此，英国一再强调中国应在中老、中缅边境布防，而不同意中国军队及早入缅布防。蒋介石大为发火，命令第 5 军和第 6 军主力暂不入缅，在云南做好准备。从 1941 年 6 月到 12 月，中国为远征做了一系列准备，在云南待命出国的时间里，戴安澜与家人度过了一段幸福的时光，这次团聚成了他和亲人在一起的最后时光。

1942 年年初，日军从泰国边境攻入缅甸，此时的缅甸战局已经非常严峻，日军三个师团分三路先在毛淡棉一带俘虏 7000 多名英军，后兵不血刃轻取仰光。日军骄横狂妄，目空一切，又向仰光北面扑来。在缅甸的英军抵挡不住日军的猛攻，纷纷败退。2 月 6 日，蒋介石再次下令中国军队入缅。但身为印、缅英军总司令的韦维尔仍固执地拒绝中国军队第 5 军入缅。

日军入侵缅甸后，英国军队却不争气，不堪阵战，望风而逃，在缅甸战场上一败涂地，更助长了日军的嚣张气焰。摩托车上插着小太阳旗的一支小小搜索队，从仰光出发，北进 100 公里，没放一枪，如入无人之境。日军长驱直入，英军一触即溃，英国首相丘吉尔才放下架子，急邀中国军队入缅，这时英方代表才称“仰光情况紧急，请派第 5 军迅速入缅”。中国军方为挽救危局和英国军队协商，决定由中国军队阻击东、中两路的日军，英军挡住西路日军。2月16日，蒋介石命令优先运送第5军入缅。中国远征军终于开赴缅甸，但此时戴安澜和中国远征军已经失去了作战先机与宝贵的布防时间，只能仓促应战。

1942年3月2日，中国远征军发布《告缅甸民众书》。戴安澜接到命令，率领200师的九千多名官兵，作为远征第5军的先头部队，沿滇缅公路开赴缅甸。这是中国军队自1894年"甲午战争"以后第一次到境外作战，也是有史以来第一次协同友军在国外作战。在正式接到200师出征军令的当天，戴安澜情绪异常振奋，集合全师官兵，给大家讲述了三国时期蜀汉丞相诸葛亮，为国家安危"鞠躬尽瘁，死而后已"的事迹，勉励部属为国争光。第二天，戴安澜精神焕发，沉着果断地指挥部队向滇缅边境进军。

第三节：芸香草的故事

出发这天清晨，200师的驻地挤满了欢送的群众。人们挥着国旗，喊着口号，把水果、饼干等慰问品扔向200师的军车。200师的官兵个个身着草黄色军服，脚穿草鞋，背挂斗笠，肩挎各种自动化武器，威风凛凛。军车上贴满了用中、缅文字写的标语"保家卫国，驱灭日寇"，"缅甸是中国最好的邻邦"。军车徐徐开动了，戴安澜望着欢呼的人群，眼中闪着激动的泪

花。一些送行的民众希望他多保重，胜利返国。戴安澜十分坚定地说："这次远征就是剩下一兵一卒，也必死战！"戴安澜将军把自己与祖国的命运紧紧地连在了一起，将赤诚之心奉献给了自己的祖国和人民。200师肩负着全国人民的重托，威武雄壮地踏上了远征异域，支援友邦，拯救民族的大道。

第5军装甲兵团为保护战车寿命和军事秘密，将所有战车均用汽车载运，但当时的汽车载重量一般只有4吨以下，且从昆明到畹町的一些桥梁负荷量不到10吨，故而只有"菲亚特""雷诺"等战车抵达前线参战，T-26战车只能分拆成3辆车运输，因此没有来得及运抵前线。

一辆辆满载 200 师官兵的军用卡车，蜿蜒行进，长达数里，从中国云南的下关市，向缅甸南部的战略要地同古急驶。为激励士气，戴安澜亲自为部队撰写军歌"战场行"，一路上官兵们高唱着师长戴安澜作词谱写的歌曲《战场行》：

——兄弟们！向前走，五千年历史的责任，已经落在我们的肩头，日本强盗他要灭亡我国家，奴用我民族，我们不愿做亡国奴，只有誓死战斗，只有誓死奋斗。兄弟们！向前走，敌机虽然在我们头上盘旋；炮弹虽然在我们头上飞过。兄弟们！向前走，隐藏瞄准，沉着战斗，拼命杀敌，虽死也光荣。兄弟们！向前走，要做那轰轰烈烈奇男子，打倒日本强盗，才显得我们好身手！

1942 年早春，滇西怒江大峡谷的沿途山峦起伏，林木葱茏。道路两旁，芸香草遍地开花，香味扑鼻，戴安澜不禁神思飞扬。芸香草为滇西缅北特有的一种植物，高可达 1 米，叶子有特异香味，可入药，性温，有驱寒祛湿，行气止痛，防腐杀菌的功效。当地有传说，当年诸葛亮远征南蛮时，瘴烟大起，军中人马病死无数。后来，诸葛亮得到仙人指点，从山中采摘薤叶芸香，每人口含一叶，则不再感染瘴气，病患全部去除，于是大败孟获。等到诸葛亮回师向北返回，当地人想要挽留他。

诸葛亮安慰说："我将来还会再来的。"

当地人问："什么时候再来？"

诸葛亮指着遍山的芸香草说："此芸香草开花的时候，就是我再来这里的时候。"

山上的野花，有些已吐露出它们的芳华。芸香草本是极少开花的，百年难得一遇。今年春天，中国远征军进兵缅甸，正巧芸香花竞相开放，灿如云霞。松山和高黎贡山余脉夹持的惠通桥两岸，尘土飞扬，第200师官兵蜿蜒如龙、浩浩荡荡地过怒江……戴安澜又看见仙草开花，壮志凌云，不禁心血来潮，进军途中以诸葛亮出征自勉，吟成豪迈诗句：

> 万里旌旗耀眼开，王师出境岛夷摧，
>
> 扬鞭遥指花如许，诸葛前身今又来。
>
> 策马奔车走八荒，远征功业迈秦皇，
>
> 澄清宇宙安黎庶，先挽长弓射夕阳。

此诗表达了戴安澜的豪迈气势和必胜的决心。

第四节：孤军进入缅甸境内

缅甸原本是英国的殖民地，英国人在缅甸犯下了不少的罪行，英国殖民当局和缅甸人民矛盾尖锐。日本正是利用了这种矛盾，打着"打倒英国统治，缅甸人民独立"的口号进入了缅甸，并获得了缅甸人的信任。同时，缅甸信仰佛教，于是日本便派出很多日本僧人到寺庙去当和尚，利用宗教身份进行特务活动，挑拨中缅人民的关系。因而，日本进入缅甸，俨然是一副民族解放者的样子，一路上当地百姓箪食壶浆，夹道欢迎，甚至给日本人做向导，有些土著居民甚至加入了日军的行列。

与此形成强烈反差的是当地的居民对待远征军的态度。当远征军到缅甸时，缅民们对待以第5军为主体的中国远征军却不冷不热，有着强烈的抵触和仇恨的情绪，很多缅民早早便都逃跑了。他们认为远征军和英国佬是一个鼻孔出气，在他们眼里，这些拿着德国武器、操着中国口音的大兵，是来阻挠他们走向大东亚共荣的。

日军攻占仰光只是其作战行动计划的第一步，其战役目标旨在夺取全缅甸，进而威胁印度和中国的云南等地。日军第33和第55这两个师团，目前仍在锡当河东岸，虽然还没有发现日军有渡河进攻的迹象，但是日本的陆军节快到了，为了鼓舞士气，日军近期一定会来锡当河进行渡河进攻。如今大战迫在眉睫，英军在战场上节节败退，英国的韦维尔将军却坚持认为日军缺乏渡河工具，锡当河是一道天然的地障，他认为日军近期是无力渡河进攻的。英军统帅却对敌情漫不经心，到目前为止仍没有制订缅甸战场的任何作战计划。原先拟订的《保卫滇缅路作战计划》和《中英联军缅南会战计划》已经无用了。中国远征军的第6军只来了两个师，第6军和第5军的后续部队正在来缅甸的途中，按目前的运输能力和行军速度，至少要两至三周后才能全部入缅。那个时候，日军的后续增援兵团就有可能到了缅甸。而此时，作为先头部队的 200 师孤军深入缅甸，面临着许多的危险，也必须独立自主地规划缅甸作战。想到这里，戴安澜感到自己肩上的担子沉甸甸的，"再难也要坚持下去"戴安澜在心中暗暗地对自己说。

同时，缅甸的自然环境十分恶劣，有许多的原始森林，原始森林里有不可胜数的蚂蚁、蚂蟥足以杀人。成千上万的将士，因为饥饿的挣扎、恶虐的传染，蚂蟥的吮血使英勇的将士束手无策。甚至一经倒地，在几小时以内，受到这些小昆虫的吮吸就会变成枯骨。中国远征军就是在这样的环境下开赴缅甸的。

第五节：一天内被蒋介石召见三次

入缅抗战是中国军队第一次到境外帮助友军作战，当时的国民政府十分重视。1942 年 3 月 2 日，蒋介石亲自飞往缅甸。戴安澜奉蒋介石命令从云南连夜抵达了缅甸腊戍。

3 月 3 日上午 10 时，蒋介石召见杜聿明、戴安澜在内的军官开会部署战事，共同研究 200 师守同古和第 5 军入缅后的集中问题。

下午，蒋介石在腊戍的波特酒家单独召见了戴安澜，听取

了戴安澜关于200师现况的汇报，并详细询问了200师训练、装备、士气和官兵的健康状况后，两人从治军聊到治身，蒋介石觉得自己没有选错人，对戴安澜说："对于缅甸的英军，我们仍然要适时适切地给予帮助，使其免遭挫折。盖唇亡而齿必寒故也！"

蒋介石接着向戴安澜宣示他对缅甸战役的指导方针。他说："我想让200师先到同古附近构筑工事固守，掩护我军主力向平满纳附近集中，乘日军兵力分散或者或攻势不够强的时机，先趁机歼灭其中的一个部队，再攻破其他部队，以此达到各个击破的效果。你认为这怎么样？"他还亲切地问戴安澜有什么困难和要求。

戴安澜答道："蒙校长厚爱，给予了我重任，我感到万分荣幸。我一定率领全师官兵奋勇作战，完成任务。200师现在还缺士兵1306名，轻机枪90挺，重机枪18挺，迫击炮18门，战防炮8门，请予以补充，因为日军装备好、火力强的特点，我200师决定采取夜战、近战来应对日军，所以请从待运回国的军械中，先发给200师冲锋枪300支，以有利于作战。"蒋介石当即答应了戴安澜的请求，吩咐林蔚从速办理。

这天夜里11点，蒋介石得知日军已开始渡河后，又召杜聿明、甘丽初、戴安澜前去议事。戴安澜带着两张地图，随着众人上楼到会议室，并分别将图挂在墙上、铺在桌上，并插上兵棋，供蒋介石和与会人员观看，戴安澜在一旁作记录。

蒋介石说："敌既然来进攻，200师首当其冲，应快速地赶到同古布防，派一支强有力的部队推进到皮尤河占领阵地，加强搜索警戒，掩护英军向西线转移。总之，要以各种手段打击并阻止日军，要让日军对每一寸土地都要付出高昂的代价。"在会上，蒋介石对第200师的孤军深入，十分关切，特别叮嘱戴安澜，鼓励他英勇作战，夺取重大胜利。

戴安澜满怀壮志地回答说："此次远征，系唐明以来扬威国外之盛举，虽战至一兵一卒，也必死守同古。"当夜，甘丽初赶回雷列姆军部，戴安澜回南窑师部，杜聿明仍留腊戍。

戴安澜在这天的日记中感慨地记道："余今日被召见三次，可为人身异数……"

第六节：从英军手中接手同古的城防

出征后，戴安澜率领第 200 师进入缅甸不久，日军第 55 师团便攻下了仰光。仰光陷落，如同一座摩天大厦轰然倒塌，毗连的同古立即受到影响。同古又称冬瓜，是缅甸南部平原上的一座小城，拥有人口 11 万，距离缅甸首都仰光大约有 260 公里，是仰光至曼德勒的第一大城市，它扼公路、铁路和水路要冲，战略地位十分重要。

3 月 4 日，戴安澜与战士们一起，由滇缅公路的终点腊戍起程，向梅苗行进。200 师由梅苗向目的地同古挺进，在山岭丛叠的原始森林中行军，食宿都非常困难，稍不小心就有迷路的危险。在行军路上，戴安澜虽然慷慨激昂，但内心也深深地感到了肩上的重任，他对郑庭笈团长说："全军主力还没有出动，我们 200 师一下子来到千里之外，这一仗不大好打。"然而，他又决断地说："不好打也得打！"200 师为营救被困英军，日夜兼程，克服了道路曲折难行的困苦，终于在 3 月 7 日抵达同古。

200 师到同古时，同古城内店铺关闭，百姓纷纷逃离，一片兵荒马乱的景象。戴安澜心急火燎，想尽快从英军手里接过城防。次日清晨，戴安澜草草吃过早饭，匆忙来到驻同古英军第 1 师司令部，没想到日已三竿，师长斯考特仍没有起床。日

抗日英雄

戴安澜

本人已打到家门口，军情紧急，危在旦夕，不知这位英国将领如何睡得这样安稳？

要是在国内，戴安澜见到这等荒唐事，恐怕要到屋后，放把火将他烧起来。可是，这是缅甸，这是盟军。戴安澜耐着性子，等到 8 时 30 分，斯考特少将才起了床，与戴安澜见了面。中国军队的到来使斯考特喜出望外，戴安澜迅速向英军了解敌情，谁知这些英军一问三不知，根本无心应战。简单交谈几句后，英国人就急于移交城防。同古是个烫手的土豆，斯考特恨不得马上把它塞给中国人。

他们带上各自的参谋人员，逐一交接防务。同古地形是不错的，仰瓦铁路穿城而过。路西为旧城，路东是新城。旧城城墙高 20 米，厚 13 米，全是砖石砌筑，是很好的防御工事。新城建筑密集，街道纵横，利于巷战。城东有锡当河掩护，城北十多里有克容冈机场。但是英军的工事修筑得十分简陋。这里堆几个沙袋，那里拉几道铁丝网，散兵壕挖得很浅。战斗指挥所的掩体覆盖层太薄，根本经不住炮火轰击。锡当河大桥竟然没有永备性桥头堡，克容冈机场没有高炮，也没有地面工事，四处都敞开着。而城里的英军，早已收帐篷，卷铺盖，打点好背囊行李。火炮挂上了炮车，从掩体卸下的机枪已驮到骡马背上，只等中国军队接防，他们拔腿就撤了。

英军里，那些包着缠头、蓄着胡子，懒懒散散的印度雇佣

抗日英雄
小故事

兵和缅甸雇佣兵，坐在工事外的沙袋上，枪支夹在膝盖中间，一边抽着纸烟，一边远远望着中国人，他们觉得很奇怪：英国人都嫌跑得慢，中国人还来干什么？当天中午，斯考特少将如释重负，说声"拜拜"！便带着部队向曼德勒方向撤走，只有戴安澜的一个200师孤军镇守同古。英军实际上并没有诚意和中国方面联合作战，它的主要目的还是希望中国军队掩护他们撤退。

驻守同古后，戴安澜很快亲自率领全师干部到各处侦察，研究地形、判断敌情，采取集思广益的方式来确定阵地选择、兵力配备和作战方案。同时，戴安澜命令官兵们争分夺秒地赶修工事，利用城墙构筑坚固的复廊阵地，在城内各交通要道加修堡垒群，锡当河西岸也构筑纵深防御阵地，一些重要地段，已筑成全封闭坑道式堡垒。同古城在第200师官兵手里，转眼形成地上三层，地下三层的立体防御体系。

抗日英雄
戴安澜

第六章　卓著的同古战役

第一节：首战皮尤河大胜

3月17日，杜聿明来到同古，与戴安澜共同商量作战部署。杜聿明指出：此时的同古非常重要，只有这里顶住了，中国军队主力才能完成集结和展开，缅甸的战争才能打下去。杜聿明把最精锐的第200师放在同古，出手就打王牌，可见这一仗非同一般。迎着杜聿明灼灼的目光，戴安澜郑重表示："宁可玉碎，不为瓦全。请长官放心。"

同古在仰光以北，是日军北进的必经之路。视察了地形后，戴安澜决定在同古南面的皮尤河利用日军的轻敌浮躁，打一个埋伏，灭灭日军的威风，把中国远征军出兵的第一战打好。他命令工兵营在河上的唯一大桥上埋设了炸药，并在河北岸埋伏了一个营的兵力，静候日军的到来。

日军占领仰光后迅速北进，以第55师团为中路主力。这个师团总兵力近四万人，接受过严格的热带丛林战训练，战斗力很强。搜索队长矶部一郎认为，既然仰光可以不战而下，那么以他的搜索队占领同古也不足为奇。

3月19日，一大早，日军的先头部队抵达皮尤河南岸。由于连日来几乎没遇到强烈的抵抗，日军的先头部队十分大意，十几辆汽车和摩托车开得大大咧咧。当日军驰上了离同古15公里外的皮尤河桥，进入200师的射击圈后，戴安澜立即下令埋伏在公路两侧的中国远征军前哨部队的200师按计划引爆大桥。大桥突然炸毁，埋伏在北岸的中国军队用机枪一齐扫射，轻、重机枪同时开火，步枪、机枪、手榴弹声响成一片，密集地射向惊魂未定的日军。随着"轰隆"一声巨响，大桥被炸成两截，走在前面的摩托车，连同桥身一起栽进皮尤河中。骄横的日军叽里呱啦地叫喊着，肢体和汽车残骸四处横飞，日军怎么也没想到在此会遭到中国远征军主力的伏击。顷刻间200多鬼子葬身河底，其余的鬼子一看情形不妙，慌忙逃了回去。

200师速战速决，消灭了桥上的日军，同时以密集而强烈的交叉火力扫射阻拦日军拥塞在南岸公路上的后续部队。暮色中，日军一时还没有弄清中国远征军的阵地所在地和兵力部署，被打得晕头转向，仓皇应战。经过3个多小时的激战，日军惊慌失措，溃不成军，共遗尸300多具，其余100多人从密林中逃遁，丢下步枪11支、轻机枪2挺、摩托车19辆。在清理战场时，战士们从一个叫矶部一经的少尉军官尸体上，缴获了大批地图、日记、望远镜、文件和摩托车、枪支等战利品。这一发现，200师摸准了日军的番号、兵力配备及动向，对我军今后的作战形成了一个有利的开端。

皮尤河前哨战是日军遭到侵缅后的第一次损失，也转变了英军对中国"草鞋兵"的轻视，他们连连竖起大拇指："你们打得好！"1942年3月21日的《泰晤士报》也报道了这场战争，并对中国军队的英勇表现给予了肯定，认为中国军队在保卫缅甸北部这一重要任务中发挥了重大作用。

同古保卫战的序幕由此正式拉开了！

第二节：火烧鄂克春村

皮尤河战斗结束后，戴安澜根据被击毙的日军少尉尸身上搜出来的作战部署全图，制订了作战计划，主动采取后撤的策略，将两个骑兵团分别埋伏在通往同古的鄂克春、谭吉宾两阵地的侧面，待日军进入埋伏区后，出其不意地阻击，然后将两个骑兵团撤回同古。

皮尤河伏击战规模很小，却给了日军很大的震动。第55师团长竹内宽中将凭直觉知道，他面临的对手已经不是英军。当得知中国军队已占领了同古后，竹内宽中将十分恼怒，马上命令师团主力投入攻击。20日，日军第55师团两万多人，加上大批飞机轮番轰炸同古，同时以两个联队，配置12门大炮，用战车、装甲车作掩护，从天上地下，四面八方向200师阵地猛扑。随着一架架日军战斗机在同古上空飞过时发出的声声巨响，200 师的阵地上顿时硝烟弥漫、弹坑满地。这是日军在同古初战失利后，对 200 师采取的报复性措施。

日军的这次行动很快就引起了中国远征军军官们的重视，日本人的意图已经非常明显了，他们正打算先在同古搞分割包围，然后再将 200 师逐步吃掉。日军的这一战略计划对于在腊戍的远征军总部的美国佬史迪威和第 5 装甲军军长杜聿明来说，无非就是一记耳光，因为一旦 200 师被日军主力消灭或者被迫撤退，那么同古不保，盟军在缅甸与日军的会战计划即会落空。

日军第 112 联队将同古的正面防线鄂克春包围起来后，便直接朝着国军第 200 师一个营的防御阵地突击数小时，但他们的运气并不算好，3000 多人的联队主力在两天内就被村子里的中国军队干掉了 600 多人。驻守在鄂克春村内的国军官兵，虽说人数只有大约一个步兵营，但 30 多挺来自不同国家的机枪混在一起用，火力很强大。日军见势不妙很快就调整了战术，将他们的突击与火力支援部队混合配置，互相交替掩护展开搜索行动，动作看上去相当小心翼翼。

23 日，一个中队的鬼子再次突入 200 师在同古的右翼阵地鄂克春村，鄂克春村的中国远征军展开了激战，远征军守军全部战死。兴高采烈的日本人很快就进入村庄，并升起了他们象征胜利的太阳旗。戴安澜听到这个消息后感到事态非常严重，当即决定亲自率军解围。他赶到鄂克春后，迅速指挥部队包围了村中的日军。日军在村中拼死抵抗，中国军队攻了几次都没有成功，并且牺牲很大。戴安澜拿起望远镜，环视整个村落，见到村子周围长满了野草灌木，突然灵机一动，命令部队围着村子点起火来。

同时，戴安澜将这一决定电报给了附近的英军，20分钟后，英军指挥官指挥的12架轰炸机到达鄂克春上空，扔下了大量装有燃烧弹头的航空炸弹。当日军步兵蚂蚁一样涌进城周丛林时，200师的将士用上喷火器，再加上部分自行火炮发射的燃烧弹与步兵投掷的酒精，引燃树丛，连人带树烧个精光，鄂克春顿时变成了日本兵的火葬场。

火势迅速蔓延到村中，烧得鬼子嗷嗷乱叫，日军实在受不了，只好拼命往外冲。戴安澜师长一声令下，戴安澜和所有参谋人员都参加了战斗，机关枪暴风雨般地扫向日军，手榴弹也在敌群中开了花。日军第112联队就这样在鄂克春再次失利，其中被中国军队的火攻烧死或者因缺氧而死的士兵大概有500多人，另外被后续的机枪与手榴弹伏击干掉的还有370多人。23日黄昏，在戴安澜的指挥下，200师奋勇抗敌，阻击了日军先后发起的6次大规模进攻，鄂克春阵地又夺了回来。

第三节：同古保卫战

日军在正面进攻鄂克春不能向前推进的情况下，24日以143连队绕道向古城北迂回，偷袭同古城北克容冈机场及附近的铁路，将200师从南、西、北三面包围，200师不得不退守同古城，战事越来越紧张。担任机场守备的工兵团，仓促应战，力量不能够支撑。当晚，克容冈机场和铁路落入敌手，日军以优势兵力切断了在同古的200师与后方的联系，第200师的处境立刻变得严峻起来。战前，杜聿明说过的"要准备独立作战"的话应验了。当夜9时，戴安澜召开各团长及直属营长会议。

同古保卫战，到今天打了整整5天。日军的步兵虽然被挡在外围，但日军凭借炽盛的炮火和绝对的制空权，已经将同古城内炸得天翻地覆、瓦砾遍地。中国军队第一次在国外作战，地形不熟、联络不畅，加上天气酷热，饮水缺乏，战斗非常的艰难，伤亡也很严重。作战进入白热化程度，第200师各级指挥官的脸上都是一副冷峻、诀别的神情。当夜，部队调整部署，主动放弃鄂克春、坦塔宾等前沿阵地，将主力集结到同古城内已经设立好的阵地。为了确保与军部联系，戴安澜率领师指挥部迁往城外山地，由师步兵指挥官兼598团团长郑庭笈指挥城内3个步兵团。

25日拂晓，日军发现第200师收缩阵地，这才跨过鄂克春、坦塔宾这条曾使他们伤透脑筋的防线，逼近同古城。围攻城内的日军仍旧苦攻不下，第 15 军军长饭田祥二郎中将，为此大光其火。他认为这一仗开了太平洋战争以来的先例，皇军的武威在同古城下受到了极大挑战。饭田军长将竹内师团长严加申斥之后，决定把从新加坡刚刚赶到的第 56 师团，调往同古，增强攻击力量。这样，就在敌机狂轰滥炸的同时，同古城外日军兵力，已经是 200 师守军的 4 倍，日军在其第 56 师团的支援下进攻更为疯狂，向同古蜂拥包抄而来，妄图一举歼灭戴安澜的部队。同古已成为孤城，面对数倍于己的日军，戴安澜已经抱定了决一死战的坚定信念。

第 200 师官兵依托坚固的城防工事，与日军周旋。日军炮兵和飞机虽已将地面建筑物和工事摧毁，但是无法摧毁中国军队埋入地下的坑道式掩蔽部。缅甸盛产的柚木，粗大结实，坚硬无比，不仅是造兵舰、建桥梁的好材料，中国军队用它构筑工事，更是如钢板一般坚固。然而，每当日军用大炮出击，步兵出动时，中国军队从坑道里冲出，投入战斗，杀得日军人仰马翻。

26 日，日军改变战略，集中 2 个联队兵力，突击同古城西北角，并使用糜烂毒气弹。奋战了多日，最终因为城墙坍塌，守军 200 师的第 600 团伤亡过大，黄昏时撤出阵地，退守铁路的东面。至此，日军和 200 师分别占据了同古城的两边，日军占领了铁路的西面，200师守在铁路的东面。

27日，日军出动30多架飞机轮番轰炸200师阵地。28日，同古城已陷一半，这时候，第200师与日军撕缠扭打在一起，再也抽不出手对付日军这支新锐。

经过许多天的血战，第200师在重围中孤军奋战，援兵一直没有到，已经精疲力竭。

第四节：戴安澜带头立下遗嘱

戴安澜和副师长高吉人，步兵总指挥郑庭笈在前线奔来忙去，隆隆的炮声里，几位指挥官的身影若隐若现，电话线早已被炸的支离破碎。这已经是第200师在同古激战的第6天，不仅炮弹告罄，手榴弹也几乎用光，指挥所已经不再是机要人员进进出出的场所，里面横七竖八躺的全都是第200师的伤员。

"师座！"炮兵团长跑到戴安澜身边。

"什么事？"戴安澜问道，但是一转念，就猜到了他要干什么。

"炮弹都打光了，大炮成了哑巴，我们炮兵也都无事可做，弟兄们在流血牺牲，我们团的兄弟都看不下去了，都要到前头和鬼子干一场！"

戴安澜思考了一下，说道，"现在还不是时候。"炮兵能主动请战，到硝烟弥漫，随时都可能丧命的第一线去作战，第200师的斗志可见一斑。戴安澜却有他的想法，现在三个步兵团还能顶得住，贸然把这支生力军派上去，一则效果不太明显，二来他们都上去了，自己也就无兵可派了。

日军的攻势不仅猛烈，而且毫不间断，6天下来，200师的三个步兵团中已经有不少连队没了建制，有的连队只剩下几十人，有的一个连只能编成一个排，有几个连队情况特别严重，不仅没有了指挥官，兵都不剩几个。

同古是仰光到缅甸中部曼特勒公路和铁路线上的战略要地。中国军方为了战局需要仍命令戴安澜不惜一切代价坚守同古，以粉碎日军由中路正面进攻，阻断日军由仰光向曼特勒入侵的道路。然而，日军入侵缅甸，不断增援，日军分为东、西、中三路同时进行。日军在一次次的较量中败下阵来，变得更加丧心病狂，采取更加猛烈的攻势，并在进攻中公然违反国际法，多次使用糜烂性毒气弹，使大量中国士兵中毒。

夜已深了，戴安澜回到师部指挥所，他从口袋里掏出一张缅甸全图，伏案仔细地查看。然后站起来，向帐篷外走去。他的警卫人员给他披上外衣时，他似乎毫无觉察。他在想这次第200师不仅要防御、阻击正面日军的进攻，而且要策应东西两路的友军，任务艰巨。同古能否坚守，关系到祖国的荣誉和安危。想到这里，他暗暗立下了誓言，"只要还有一兵一卒，亦须坚守到底"。回到师部指挥所后，他情不自禁地点燃了一支烟，正待抽时，猛然意识到自己早在两个月前就已下决心戒烟了。可是，杀敌卫国的激情使他不能自制。在战局恶化的情况下，戴安澜早就已经抱定和日寇决一死战的决心，他猛抽几口后，熄掉烟蒂，打开抽屉，取出师部信笺，慷慨地写下遗书，他在给妻子王荷馨的信中写道："我们已是孤军奋斗，决心全部牺牲以报国家养育！为国战死，事极光荣。"他还给军需官徐子模、王尔奎写了信，告诉他们："假如我战死了，妻子精神生活会极痛苦，经济来源也会断绝。希望你们不要辜负了我，为我办理后事，帮助抚育我的后代。"

　　第二天，戴安澜坐在师指挥所闷热的掩体里，圆圆的面孔满是灰土和汗渍。服装很不规整，上身的一件草黄色衬衣，纽扣掉了两三颗，但戴安澜依旧精神振奋，仍是一副天不怕、地不怕的大丈夫气概。戴安澜召开军官会议，通告全体官兵，以沉重而沙哑的声音立下遗言："如果师长战死，副师长代替指挥之，副师长战死，参谋长代替，参谋长战死，由步兵指挥官替代，各级照此办理。"给部属下达完战斗任务后，戴安澜摁灭手中烟蒂，缓缓站了起来，他戴上军帽，紧一紧衣襟，目光灼灼。全师上下部属如此一级一级地立下遗嘱，当众留言，指定自己的代理人，做好与日军死战的准备。于是，全师的士气更加旺盛，锐不可当。

第五节：成功识破日军诡计

戴安澜爱兵，也非常熟悉自己的士兵。全师 9000 余官兵，他几乎可以叫出每个人的名字。1942 年 3 月，戴安澜率孤军 200 师坚守缅甸同古，顶住了日军两个师团的疯狂进攻。战士们的顽强抵抗，使得日军不断疯狂地增加兵力，却始终攻不下同古。

28 日，平井卯辅大佐这只狐狸率领他的搜索联队，并没有加入正面进攻，而是寻找机会从第 200 师侧背下手。深夜 11 时，日军搜索联队派出 400 人的小股部队，偷渡水深齐胸的锡

抗日英雄
小故事

当河，偷袭 200 师的指挥部。日军突然出现在东岸戴安澜的指挥部附近，距戴安澜的指挥室只有四五十米，情况万分紧急。戴安澜拔出手枪，向日军射击。担任警戒任务的 599 团第 3 营看到师长危急，都奋不顾身，跳出战壕和日军肉搏。步兵指挥官郑庭笈知道大事不妙，火速派遣 598 团两个连增援。激战至拂晓，虽将日军打退，保住师指挥部。可是，日军却乘机占领了锡当河大桥，切断了师指挥部与城内的联系。

同时，久攻不下的日军再次施放糜烂性毒气，并想出了一条毒计。于是一些日本士兵乔装成当地农民，驱赶着满载枪支弹药的牛车，企图进入同古城内，混入 200 师，企图里应外合，攻破同古。戴安澜一眼便洞穿了日军的诡计，200 师迅速歼灭了送上门的鬼子，收下了枪支弹药。

很快，狡猾的鬼子又使出别的伎俩，他们派人化装成送粮的队伍，乘夜摸进了 200 师坚守的同古城。这天夜里，在防区内巡察的戴安澜刚好碰上了其中的一支"送粮队"。

上前盘问时，戴安澜突然拉住一个人，大喝："你不是在昆仑关战斗中阵亡了吗？怎么会到了这里？"来人一慌张，露出马脚，抓住一审问，发现日寇还有更大的阴谋。原来，这个士兵是在 1939 年昆仑关战斗中重伤被俘的 598 团士兵，日寇把从各个战场俘虏的中国兵被日军送到了台湾加以训练，同古战事吃紧，他们就把这批俘虏兵派到了前线，充当奸细，每人每天有 50 盾的补助，打算一是扮成送粮队，混进城里，偷袭二师的指挥部；二是在明天发起进攻时，把他们放在最前面，充当人肉盾牌。

第二天，日军又发起了冲锋，冲在最前面的人虽然穿着日军军装，却一面冲锋，一面高呼："枪口朝天，中国人不打中国人"来扰乱军心。

日本军队则跟在后面二师官兵胸有成竹，当日军靠近时，他们高喊："是中国人就趴下。"

瞬间走在前面的中国俘虏兵听到喊声立即趴下了，冲在后面的日军听不懂中国话，迎接他们的只有密集的枪弹，暴露的日军被打了个措手不及。

第六节："空城计"让丧心病狂的日军扑了个空

同古的激战已经打了 9 昼夜，日军三个师团进攻同古，不仅伤亡严重，而且竟然还没能突破城垣，进入巷战。连日军都开始怀疑他们的情报是否准确，他们判断同古的支那守军远远不止一个师，最起码有一个军的兵力。这些无知而又狂妄的日本人怎么能知道，第 200 师是为了什么才背井离乡，在异国他乡抛头颅，洒热血。

当中国军队在同古一线顽强奋战时，西线的英军却不认真抵抗日军的进攻，放弃了重镇卑谬，向北败退，把中国军队的侧翼完全暴露给了日军。这时，中国远征军的大部队也被分割包围，日军不断向城东及师指挥部猛攻，企图拿下城东阵地，瘫痪中国军队指挥，将第200师一举全歼。此时，第5军后续的新22师，在同古以北50多公里的南阳车站，遭到日军顽强阻击，进展缓慢，鞭长莫及。200师援军还没有到，补给中断，再不撤退，200师就有全师覆灭的危险。此时，军长杜聿明心急如焚，他不能眼看着他的王牌部队玉碎，他不顾史迪威的反对，多次请示蒋介石，坚决下令要坚守同古12天的戴安澜放弃阵地，于29日夜撤退到叶达西。

3月30日凌晨，戴安澜领着第200师数千名残兵，趁着漫天浓雾，出其不意地逆袭了一下日军，从日军东西两面夹攻，将日军杀退在大桥的东南方。然后，戴安澜趁其慌乱悄悄地撤走了全师人马，连一个伤兵都没滞留，和日军玩了个"空城计"：大部队先撤退，留小部队对敌假装攻击；撤退后，仍留少数部队牵制日军。第二天拂晓，200师安全撤退至叶达西。日军第55、56师团集中全力，发起总攻。日军集中炮火和飞机，实施有针对性的摧毁性轰炸。当日本步兵涌进城内时，才发现是一座空城。

戴安澜率领仅九千多人的200师官兵孤军深入同古，在没有空军协作的情况下，同为数4倍于己，并配有重炮、坦克和作战飞机的日军第 55、56 师团展开正面交战，不仅争取了时间掩护英军第一师安全撤退，在国内外也引起了强烈反响。残酷激烈的同古之战进行了 12 天，200 师就像铜墙铁壁一样阻挡住日军的北进，以伤亡 800 勇士的代价，歼灭日军 5000 多人，毁灭日军坦克、装甲车近 20 辆，重创了不可一世的日军第 55 师团，胜利地保卫了同古，并在戴安澜有序的指挥下安全撤离，几乎全师而归。

4 月 1 日，西南太平洋战区盟军总司令魏菲尔和缅甸英军总司令亚历山大特意飞赴远征军总部，赞赏戴安澜和 200 师的英勇奋战。蒋介石致电嘉许，称"同古战役是中国军队的黄埔精神，战胜了日军的武士道精神"。中国战区总参谋长史迪威将军称赞："近代立功异域，扬大汉之声威者，始以戴安澜将军为第一人。"《泰晤士报》《纽约时报》都发表评论，赞扬远征军的英勇。美国军方还把这次战役载入了《美国战史中缅印战区史册》，并高度评价：同古保卫战是缅甸战场上"所坚持最长的防卫行动，并为该师（指第 200 师）和他的指挥官赢得巨大的荣誉"。

就连日军方面也不得不承认，同古的战斗是他们所经历的"最艰苦的战斗之一"。日本陆军大将东条英机在日本议会上也承认远征军的坚强，并说同古一役是自旅顺攻城以来从没有过的苦战。日本防卫厅在战后编纂的军事研究回忆录中写道：

"同古攻略战历经 4 天结束，师团于 30 日占领同古，正面守军为重庆 200 师。该部队自始至终意志旺盛，特别是其退却收容部队，固守阵地，抵抗直至最终。虽是中国军队，但令人佩服！"同古战役在中国抗战史和世界抗战史上均书写了辉煌的一页，打出了中国军队的军威，为中国远征军赢得了巨大的荣誉。

从同古撤退后的第二天，戴安澜写信给自己的儿女，表达了战胜的喜悦之情："东、靖、篱、澄四儿：自到缅甸以来，因路途遥远，电台联络困难，许久未能发报。自 3 月 29 日脱围，现已完全到达，望你们勿念。虽然是被围，我们官兵极其勇敢，打死了很多日军，这是令我非常高兴的。"同古战役，200 师在奋力坚守下获得了成功，然而对于这场浩大的远征之战，这只是一个开始，等待着 200 师的却是更加严峻的形势和战斗。

抗日英雄

戴安澜

第七章 远征军陷入困境

第一节：错拦蒋介石的车

戴安澜的学习尽管是以自学为主，但他极为重视拜师求教，并谦虚好学，不耻下问。他认为学不可无师，老师的可贵在于解惑，所以一定要尊师重道。他在小时候学习古文时已经知道了这个道理，在实践中得到的体验更使他有极深的感受。

后来，戴安澜觉得英语是一门重要的工具，便努力学起了英语。为了学习英语，戴安澜在部队请了一位为了抗日而参军的东北大学生做他的老师。没有战事时，一周上六节课，每天早晨 8 点钟就是他上英语课的时间，每天上课 80 分钟。戴安澜始终按照老师的要求，十分认真地完成布置的作业，进步很快解决了英语入门的问题。以后，他持之以恒地学习了 4 年多，英语水平不断提高。经过一段时间的刻苦学习，戴安澜将军的英语说得像模像样了，这给他带来了好处，当戴安澜将军率军进入缅甸后，已经能够做到与英军直接交流。有一次晚饭后，戴安澜在驻地附近散步，不慎迷了路。正好碰上英国人，他便上前，用英语向英国人问路，英国人看到一个中国将军居然能用他们的语言谈话，很高兴，派车子直接把他送回了驻地。

但这也让戴安澜闯了一回"祸"。1942 年 4 月 6 日，同古战役结束没多久，戴安澜便接到电报，要他立刻赶到缅甸北部的梅苗，蒋介石要召见他。戴安澜匆匆忙忙上了路，连夜赶赴。因为道路弯曲复杂，戴安澜迷路了，不知道该往哪边拐，只好把车停在路边，下来打听。不知过了多久，戴安澜见从远方开过来了两部很漂亮的小轿车，驱车行至一个岔路口，根据他以往的经验，判断是英军的汽车，便一个箭步冲上前，拦住车子，上前问路，脱口用英语问道："Where is foodVlcke?（去梅苗怎么走）"

不料车中有人用中文一声断喝："老戴，你发什么疯？这是委座乘的车。"

戴安澜定睛一看，后座上端坐着蒋介石夫妇。这下吓得不轻，搞得很不好意思，连忙敬礼，说对不起，对不起。蒋介石在车里问："你什么时候来的？"

戴安澜答："刚到。"

蒋介石又问："你知道我的住处所在吗？"

戴安澜："不知道。"

原来蒋介石也迷路了，他们也正在打听如何走。蒋介石对戴安澜说："你明早来见我。"说完车子一溜烟开走了。

蒋介石找到驻地后，一下车就对人说："快去接戴安澜，他一定找不到地方。"

说话间戴安澜就到了，蒋介石问戴安澜吃饭了没有，戴安澜答吃过了。其实他腹中空空，于是饿着肚子受蒋介石召见。当天，蒋介石留戴安澜住在自己下榻的宾馆，晚上还亲自到戴安澜的房间，了解了同古战役的经过。

第二节：美国指挥官史迪威决策错误

由于西线英军一路节节败退，缅北战局急转直下，战局仍十分危险，远征军长官命令第 5 军返回曼德勒准备会战。对同古一战，蒋介石十分满意。大家经过研究，决定乘胜追击，在平满纳举行大会战，戴安澜接到命令后立即返回部队，布置工作。

1942 年 4 月，经历了同古保卫战而疲惫不堪的第 200 师，在经过短暂休整后，马不停蹄地赶到了平满纳，准备信心满满地大战一场。当时，日军第 33 师团约两个联队趁着中国远征军在同古等地与日军疲于周旋的机会，即分沿伊洛瓦底江北进，绕至英军后方，占领仁安羌油田，切断英军归路。面对困境，英国人为了自保，背信弃义，置中国军队于不顾，不但擅自放弃西线要地阿兰谬、马圭、萨斯瓦，炸毁仁安羌油田逃跑了，而且让中国军队的右翼暴露在日军面前，使平满纳右侧背受到了严重威胁。而且还硬逼着史迪威、罗卓英将平满纳会战的唯一预备队新 38 师调去解救被围的英军。为了救英军，杜聿明严令孙立人的新 38 师昼夜兼程赶往仁安羌。

　　无奈之下，平满纳会战被迫取消。此时的英国人草木皆兵，稍有一点儿动静便疑神疑鬼。4 月 19 日，杜聿明与戴安澜一道去见史迪威，重新提出调第 5 军赴棠吉迎击敌 56 师团的问题。没想到史迪威没有正面回答杜聿明的问题，却说他刚收到了英军亚力山大发来的急电，一股强大的日军已进到西北方向的乔克巴柏当，大约有 3000 多人，请示火速派部队堵击。此时，200 师本应赶到棠吉，抢占先机，但因为皎勃东情况紧急，史迪威坚持要戴安澜带领 200 师立刻乘英军汽车去解救英军。

抗日英雄
戴安澜

孙立人的新 38 师还在仁安羌，他们怎么会让日军窜到仁安羌以北的乔克巴柏当呢？杜聿明听了史迪威的话，强压胸中的怒火，严肃地对史迪威说："情况不对呀！我刚刚在长官部听说英军 17 师正从纳貌向北撤退，处在远后的皎勃东怎么会出现日军，而且第 5 军骑兵团的摩托车排也报告说皎勃东无敌影……当前应该火速将第 5 军调往棠吉应战，如果再迟疑，必定耽误战机。"

史迪威口述了电文，仍坚持戴安澜率领第 200 师火速赶去皎勃东，截击日军，举行曼德勒会战。

当 200 师赶去皎勃东时，根本没有发现日军的影子。其实这只不过是英军为了要中国军队掩护他们安全撤退到印度使的伎俩。200 师来回一折腾，时间上输了两天。两天以后，声东击西的日军主力却攻占了东南方向的棠吉。日军第 56 师团趁机长驱直入，英军听见枪声，没放一枪，丢下棠吉和自己的重装备，临阵狼狈地逃跑了。这样一来，日军第 56 师团一个联队，兵不血刃，占领棠吉，轻易地打开了腊戍的大门。4 月 20 日，日军第 56 师团经过毛奇、雷列姆突袭腊戍，击溃了中国守军第 55 师，轻而易举地占领了这一战略要地，封闭了举足轻重的滇缅公路。

不仅如此，增援棠吉的中国远征军，还从俘虏的身上，新发现了日军第 56 师团的番号！该师团是日军专为丛林战训练出来的，它从仰光登陆后一直隐蔽待机，如今才突然出现。史迪威十分震惊，他冷静地意识到，这次上了日军的当，中了调虎离山之计。他考虑错了，肯定错了，他为自己的疏忽大意痛心疾首。但是第 56 师团现在只出现了两个联队，另外一个联队却动向不明。史迪威当即决定调 200 师向东攻夺棠吉。

第三节：成功收复棠吉

4 月 25 日当天中午，戴安澜奉命夺取被日军抢先占领的棠吉，派军骑兵团和 598 团附装甲车连先行出发，占领棠吉西方的要地黑河，掩护 200 师主力集结。戴安澜以迅雷不及掩耳之势赶到棠吉，迅速扫清了棠吉的外围阵地。本来 200 师已经甩了后面的日军追兵，然而在距离棠吉不到一百公里的地段，200 师再次遭遇了日军的顽强阻击，相持数小时，不能够前进。而此时，从同古方向掉头追赶 200 师的日军已经距离他们不远了。200 师在同古面对三个师团能顽强坚守几天几夜，全是依靠着多山的地形和城郭，现在两支部队都在开阔的平原地区。戴安澜不禁想 200 师急行军的时候已经把重装备都丢弃了，后面的日军要是压上来，再想突出重围，肯定是比登天还难啊！

这时，日军又突然发起了进攻，战斗进行的异常激烈。戴安澜戴着钢盔，穿梭在枪林弹雨之中，亲临一线指挥，200 师全体官兵士气高昂。棠吉已是一片狼藉，满地的瓦砾和尸体，到处都是被打坏的枪支和被炸塌的工事，官兵们在不顾一切地向前冲锋。几次冲锋都到了鬼子的阵地前沿，但是由于日军的火力密集，又被压了回来。

戴安澜发现部队的突击面太宽，自己的掩护火力不能对日军构成压制，而且攻击部队太过分散，没能形成一个有力的拳头给日军致命的打击，致使几次攻击都功败垂成。戴安澜索性直接命令部队，突击正面不要拉得太宽，要在窄狭的正面使火力能完全掩护压倒日军，使打出去的力量是纵杀而不是横砍，集中力量在突击方向，集中力量各个击破。戴安澜巧妙地利用地形，带领士兵冲锋陷阵，先后攻占了位于棠吉西面、南面和北面的 3 处高地，并突入进棠吉市区与日军展开巷战。

棠吉打的异常激烈，戴安澜的随从副官受伤，一名卫士牺牲。官兵们又一波冲锋，终于攻上了棠吉的日军阵地，激战一天，双方争夺至午夜时分，200 师终于将棠吉失而复得，击毙日军第 56 师团 1113 联队第 3 大队长入部兼康少佐以下 400 多人，切断了日军的后路。邱清泉收到棠吉被收复的消息，命令部队边打边撤退往棠吉，向 200 师主力部队靠拢。200 师攻克棠吉的捷报传至国内，国人无不欢欣鼓舞。200 师入缅甸后的战功赫赫、军威大振，蒋介石为此颁发奖金 100 万，进行犒赏。棠吉战役不仅极大地鼓舞了中国远征军的士气，狠狠打击了日本帝国主义嚣张的侵略气焰，同时使得缅甸东线的战局转危为安，而且也让戴安澜的名字多次出现在世界各大媒体上，成为英勇善战的中国军人的代名词。

然而，在国际社会为中国军人的善战而陶醉时，一场灾难却即将降临到这支身在异乡的军队身上，由于英军全线溃退，中国远征军孤军深入，失败的阴影与死神如血与火的魔爪，一步步向戴安澜和远征军逼近。此时戴安澜的家人只能在报纸上，捕捉亲人只言片语的消息。而日军却早已经越过腊戌，中国境内的畹町也已经沦陷，并形成了对中国远征军的大包围。日军的第56师团此刻正进逼怒江，快要封闭中国远征军的退路。由于滇缅公路可能被封闭，中国远征军的军心一下子大乱。

第四节：远征军陷于绝境

接下来的几天，棠吉方向倒是相安无事，可是这种相安无事让戴安澜等人都惴惴不安。不过戴安澜还是抓紧时间给自己的部下补课，利用这短暂而宝贵的几天，向部下阐述他在棠吉攻坚战中总结出的攻坚经验。棠吉就像一座充满岩浆的火山，随时都可能爆发。沉寂了几天之后，突然传出了密集的枪声。

仁安羌大捷之后，日军依旧迟迟不动，目光落在了这样一个地方——腊戌。然而，现在的腊戌已经是一座空城！那支在棠吉附近神秘消失的日军第56师团终于从水底浮了出来，神秘消失的日军第56师团，正是穿插到了腊戍。日军离棠吉不过百里，却按兵不动，是想等56师团切断中国的退路，再一举把中国远征军吃掉。

1942年4月下旬，在由棠吉通往腊戍的两道河流、三条公路上，日军岗哨林立，铁丝网一道挨着一道，日军的摩托车日夜在公路上来回巡逻，戒备森严。腊戍和密支那是中国远征军回国的必经之路，要是日军真的穿插到那里，远征军就只能在异国他乡垂死挣扎了，不仅通过国境线的补给物资无法运送，而且十万儿郎也不能回到祖国了。从棠吉到腊戍，最快也要走十天，就是现在马上派兵去腊戍，也为时已晚，眼下唯一的办法就是确保密支那的安全，只要密支那尚在自己手中，部队就可以通过那里安全回国。然而，挂了电话，杜聿明刚要发问，一名参谋风风火火地跑进指挥部，因为着急，他跑的气喘吁吁，上气不接下去地向杜聿明汇报："副司令长官，日军第56师团一个联队今天上午夺取了密支那。"缅甸的第56师团竟然能瞒天过海，而且把一切假象做的和真的一般不二。这个假象背后的真实，成了未来中国远征军的噩梦。

密支那一个英军师守卫不战而退，杜聿明对英军的不负责任大为光火。第5军和中国远征军怎么办？杜聿明意识到自己现在必须当机立断，趁日军的包围尚未形成，把自己的部队撤下来，这是他这个远征军副总司令对前线的十万中国士兵最好的交代了。

"副司令长官，荣一师来电，说遭遇日军的猛烈攻势！"

"新22师来电，日军发起了猛烈进攻！"

"200师来电，日军猛攻棠吉！"

就在杜聿明下定撤军决心的时候，三封电报摆在了他的案头。杜聿明马上给三位久战沙场的战将回电，要他们有组织地撤离棠吉，撤往密支那，他希望靠第5军在密支那杀开一条血路。杜聿明明白兵败如山倒的道理，满拟扬眉吐气，重振中华雄风，岂知将士们浴血杀敌，但头来却依旧是一场溃败。数万人的中国远征军困在缅北的狭窄地带、腹背受敌，彻底陷于绝境，全军不得不进行战略性的撤退，缅甸保卫战失败了。

盟军开始大撤退时，200师被赋予了担当后卫的重任，戴安澜接到罗卓英要"200师沿着向腊戍奔袭的日军的进路，自敌背后给以狠狠打击"的指示后，感到这次的行动非常的危险，但为了挽救缅甸的危机，他决心要化险为夷。杜聿明对200师孤军尾追敌后进行攻击的决定，很是不满，却也无可奈何。

4月下旬，大部队往北撤，罗卓英一再地电报催促，限定杜聿明在当晚赶到皎克西开会。杜聿明离开棠吉前，忽然觉得有万般无奈的惆怅涌上心头，他紧握着戴安澜的手，声音低沉地说，"现在战局骤变，把你们200师留在这里断后，我知道情况很艰险，但是相信凭借你的能力，经验和胆识，应该可以化险为夷吧，希望到时候 200 师能够安全地回来。"戴安澜站在路边，借着西沉夕阳的余晖，目送杜聿明的汽车渐渐地消失，却仍凝神注视杜聿明的去向，默然无语，直到周参谋长来催他回去下达明日行动的命令时，他才从沉思中回过神来。这是两位患难与共的亲密战友的惜别，没有想到竟成了他两人人生征途上的最后的诀别！

4 月 25 日深夜，在皎克西召开了缅甸战场最后一次盟军首脑会议。罗卓英首先发言，他说："今日奉到蒋委员长的密电指出：'首先要研究对腊戌的危急采取怎样的应急措施，其次应研究决定缅甸的仗下一步怎样打？中英联军如何行动？'"

亚历山大认为缅甸战局已经恶化到了无法挽救的境地，

为了最终打败日军，应该立即从缅甸作战略转移。杜聿明认为中国远征军应把解除腊戍的危机作为最主要、最急迫的任务，研究可行的方略才是关键问题，并建议英军接替新 38 师的防务……但是，史迪威却表示无法接受杜聿明的建议方案。他决定：英军立即向印度撤退；中国远征军第 6 军及正在向雷列姆推进的 200 师均向景东撤退……

第二天早上，史迪威刚醒来，便得知罗卓英已离开。美国空军司令部担心史迪威的安全，派出专机，寻找和搭救史迪威。美军机长海恩斯上校到处打听史迪威在何处，终于找到了史迪威。年近花甲的史迪威，头戴第一次世界大战时的宽边毡帽，坐在离日军不到约 30 公里的地方，纹丝不动。他拒绝了空军的救援，没有做解释，只是说他不愿乘飞机撤离缅甸。他唯一的想法是与中国远征军一道离开，这是他作为司令官不可推卸的职责。C-47 型运输机飞回印度时，只载走了史迪威的参谋人员。史迪威将军本人没有上飞机，他率领着中国远征军从陆路撤离到印度，开始了漫长而艰苦的旅程。

第五节：艰难的抉择

4 月底，缅甸的战局急转直下，中英联军自此解体，中国远征军各部接到命令被迫撤退突围。围绕突围方向，中国军队和盟军发生了一次激烈争执，史迪威为保全军队以备将来的反攻，派人来请杜聿明率所部退向印度。同时，罗卓英也电令杜聿明率部渡亲敦江退入英帕尔待命。但英国要求远征军须申请难民身份，由英国军队收容。

5月8日，杜聿明带着军部和新22师行进抵达英多时，龙陵、八英、密支那均已陷入敌人手中，第5军撤回滇西的路已经被阻断。就在杜聿明在回国和去印度之间摇摆的时候，蒋介石的一封电报却坚定了他回国的信心。蒋介石告诉他，中国远征军是中国的铁血男儿，绝对不能寄人篱下。得到蒋介石的支持，杜聿明权衡利弊之后，不顾史、罗二人的一再敦促，毅然率部向国境线撤退，决定通过野人山辗转回到云南。日军尾随追击的速度快得惊人，似乎中国远征军的十万大军已经是他们筷子上的美味，迫不及待地要咽进肚子里。

29日，戴安澜率领部队，到达雷列姆（到腊戍和景东的交通枢纽）附近，正准备展开攻击，忽然接到林蔚、杜聿明的急电，才知得知腊戍失守，中国远征军归国的大门被日军关上了。杜聿明军长给了他最后一道电报，军长说："向北突围，到卡萨归建。"此时，军委会滇缅参谋团团长林蔚也发来了电报，电令戴安澜，率师改道东进，与甘丽初第6军会合，而后退向云南西双版纳。

但是，他拒绝了林蔚的命令。

将军是人，不是机器。除了照着命令，看着地图行事，有时也靠感情，靠良心打仗！他想：第200师是第5军的主力，现在军长正在危难之中，更需要兵合一股，将打一处，突出重围。我怎能撇下长官，只顾自己逃命呢？第200师，杜聿明是第一任师长。他一手培养了这支队伍，又是他把这个师亲手交给我的。在这种时候，我把队伍拉走了，还有良心吗？戴安澜毕竟不是莽夫，只知道在战场上厮杀，战场外的东西他也考虑了很多。第6军在东线不战而退，仓皇逃命，现在把第200师开过去，等于给人家垫后擦屁股，我戴安澜不干！去印度，可以在英军的林荫下得到很好的庇护，部队不会有什么损失，但是，作为中国的军人，不能在战场上和日军大干一场，却跑去求外国人的保护，这样的军人，以后百姓还能像支持自己的儿子一样支持他们吗？

北进！戴安澜不愿往东走，仍坚持执行杜聿明的命令，向北前进，尽快与第5军军部会合。纵然，回国的路上有日军的围追堵截，而且还要翻过高山，穿过原始森林，一旦迷路，或者被日军包围，远征军就有全军覆灭的危险，而自己将因为指挥不力，成为远征军的千古罪人。北进！那也要北进！戴安澜铁了心。

不久得到消息，日军在攻占腊戌以后，18师团抢占八莫、密支那，第56师团快速纵队，沿滇缅公路北进，突破中缅边境，

抗日英雄
戴安澜

连陷畹町、瑞丽、芒市，直逼怒江。滇西大片国土，已沦入日军手中。由于此时日军已先期占领了密支那，切断了第200师原定从八莫经密支那回国的道路，戴安澜不得不率部从缅甸北部的山区里辗转前行。由于缅甸地形复杂，日军快速部队又左冲右突，第200师最终与总部失掉了联系。同时，日本人已经闯到前头，第200师与军部会合已不可能，当务之急是把官兵们带回国内。

200师官兵在艰苦的环境中，躲过日军飞机的搜索，艰难地向国境的方向跋涉。日军决心置200师于死地，在战地广播中扬言："要奠定东亚和平，非消灭第5军，尤其是第200师不可。"日本飞机往密林中散发传单，上面画着一只老虎，后头是拿枪的猎人，前头张开一面大网，旁边写着："第200师跑不了。"

日本人可不是拿空话吓唬人。一个多月前，让第200师从铁壁合围的同古逃脱，渡边正夫中将认为，这是他的第56师团的耻辱，是缅甸作战的一个遗憾。他发誓要重新捕捉这支中国军，将它彻底歼灭。渡边盘算，第200师是机械化部队，在平原地区固守或运动作战是他们的长处，一旦进入缅北丛林，就寸步难行。而他的第56师团，是丛林作战老手，曾在马来亚和新加坡打败过英军。在林中捉迷藏，第200师绝不是他的对手！渡边在莽林中布下一道道封锁线，撒下一层层包围网，要把第 200 师拖垮，拽倒，吃掉。戴安澜率领 200 师经过 20 多天的鏖战，如今面对的形势又变得极度凶险：穿过原始森林，渡过南渡河，越过曼腊公路和铁路，部队要经过五道封锁线。

第一节：向坦克敬礼

　　眼下200师远离长官，孤军作战，情报不明。友军在哪？日军在哪？都是未知的。明天早晨，200师就要进入原始森林，中国军队计划是否已经被暴露？沿途缅奸不断捣乱，万一走漏风声，日军或者在对岸伏击，或者派炮艇在中途拦截，中国军队就危险了！

　　可是，200师面临的困难还远远不止这些。作为国内的精锐部队，第200师本是机械化军队，在大平原作战能充分地发挥出他们的装备上的优势。但是到了缅甸这一个重峦叠嶂，林木层层的地区，第200师的机械化装备根本无法展开，而重装备又太多。戴安澜带着200师6200多名官兵和全部武器装具，在这异国他乡缅甸的深山老林里每天钻来钻去，尽管有人带路，但大多数时候200师都是在原始森林里缓缓地向前爬行，依然前进缓慢。

　　戴安澜心急如焚，不停地催促部队加速前进。可是沿途都是原始森林，偏偏指南针又和这些远在异国他乡的军人开玩笑。在关键时刻失灵，部队却只是在原始森林里原地绕圈。第200师官兵大多是北方人，在南方作战已经有些水土不服，现在来到国外，这个问题更加突出，不少士兵在行军途中病倒，至于拉肚子的士兵更是比比皆是。士兵们不服水土，又带着辎重，照这样强行军的话，很可能把部队累垮了。

"炸掉坦克吧。"部队要进入险峻的原始森林深处时，重型装备都不能带走，有几位将士提议。

戴安澜一时间沉默，说不出话来。

"好，等我再想想。"因为是机械化部队的主官，戴安澜对坦克的感情，与对妻儿、士兵的感情一样深。戴安澜想到2月间出征的时候，第200师的庞大车队从细摩公路上隆隆开过，路面又宽又平，全都铺上沥青，那是多么威风啊！

部队行军的时间紧迫，戴安澜为了顾全大局，经过慎重的考虑，答应了几位将士的提议。

下午，几名士兵专心捆扎炸药引线，另外几名士兵就上前重新检查是否绑紧牢固。

确认引线绑好，戴安澜命令负责引爆的官兵迅速后退，200师全体官兵也都撤退到了100米外的安全区域。开炸警报声响起，"1——2——3。"士兵们连喊三声，点燃引爆线，火光瞬间爆开。伴随震耳的几声响，十几辆坦克在"轰"的一声巨响中化为灰烬。大家被"震"得自动后退，耳膜因爆炸巨响暂时耳鸣。爆炸射出的碎石，打在四围的树上，在地上凿了很多坑。

抗日英雄小故事

　　轰响声后，站立在两旁的军官集合站齐。戴安澜一声令下：

"敬礼！"

　　200师的全体将士一齐向坦克的废墟鞠躬，后又挺直身躯，缓缓地抬起颤抖的右臂，向坦克作敬了一个大臂端平、指尖齐眉的标准军礼。200师的全体官兵也是肃立在一旁，默默地向坦克告别，静静地站了几个钟头。

　　许多官兵在向坦克敬礼时，不由得掉了泪。200师的战车没有了，汽车也丢了，坦克再也不属于他们。戴安澜再次尝到失败的痛楚。此时，戴安澜心情沉重，步履缓慢，久久望着曾经亲爱的战友——坦克不肯离去。最后，为了躲避日军的追击，

200 师不得不抓紧时间继续前进。在部队再次出发前，戴安澜再次庄重地举起手，向已经化为灰烬的坦克，又敬了一个标准的军礼。

第二节：从野人山回国

前有强敌，后有追兵，夹在中间的中国远征军已经疲惫不堪。在突围中，部队不断遭日军伏击，缅甸向导也因害怕而逃跑，虽被士兵抓回，但因为贪生怕死而拒绝为中国军队带路。戴安澜悲愤之极，用马鞭猛击马靴，说："关公走麦城也不过如此，缅甸非久留之地，今天只能不是鱼死就是网破。"

无奈之下，戴安澜下令部队转进野人山，穿过甸北部层峦叠嶂、树木遮天的原始森林，躲开日军的围追堵截。所谓的野人山，顾名思义，就是经常有野人出没的地方，不过具体有没有野人无从知晓，但是据当地人说，还没有人能从野人山里活着出来。部队进入野人山，是带有很大的冒险性，但是总比在原地踏步，坐以待毙要主动一些。

月光笼罩之下的森林并不宁静，也并不和谐。号称林中之王的老虎最喜欢夜间行动。大象、野猪也是走夜路的。黑狼、印度豹、马来熊，这些凶残的食肉类猛兽，很多都是白天养精蓄锐，夜间彼此争斗的。连那讨厌的蚊蚋也是夜间比白天更猖

抗日英雄
戴安澜

狂。森林的夜间在那月色朦胧之下，在那万籁俱寂中，处处藏着杀机。

戴安澜率领与他出生入死的200师官兵，进入缅北野人山，开始向祖国方向艰苦突围。野人山不愧叫野人山这里的一切对远征军的将士来多都是陌生的。茫茫的原始森林，让人根本分不清东南西北，参天的大树完全遮蔽了阳光和星月，借助太阳和星星来辨别方向的办法根本行不通，而由于这里具有磁铁矿，指北针又完全失灵，远征军的将士就像没头的苍蝇，到处乱撞。甚至到后来，他们不得不采用最古老的方式，每经过一处，在地上做标记，用此来辨别部队的前进方向。

比起这些，更让戴安澜揪心的是部队的非战斗减员。这茫茫的原始森林，本就瘴气横生，再加上士兵疲惫不堪，又缺乏食物，身体抵抗力明显地下降，致使许多士兵患上了疟疾，因为缺医少药，不治身亡。

戴安澜对此也是无可奈何，他每天眼见士兵们面容憔悴，一有些风吹草动便惶恐不安。他知道这些士兵之所以风声鹤唳，草木皆兵，并不是因为他们恐惧他们的人类日军——日本人，而是恐惧那些来自大自然的"日军"，这种"日军"，他们看不见，摸不着，却可以悄无声息地取走他们的生命。对此，戴安澜看在眼里，痛在心上。

有战士应声而倒，脸上没有一丝血色，浑身就像皮包骨一样，仿佛就在刚才，有什么东西吸干了他全身的精血。翻过尸体，蓦然发现在他腰上吸附着一只大虫子。被莫名其妙的东西吸干了鲜血而死的消息登时不胫而走，经过多方的确认，终于认可害死一团长的是一只热带丛林独有的蚂蟥，戴安澜为此专门命令部队在宿营的时候一定要找干爽的地方，防止再出现类似的事情。

5月的缅北，终日大雨滂沱，山林中满地沼泽，道路泥泞。第200师的官兵们提心吊胆，百倍警惕，衔杖疾进。因怕弄出响声，有经验的老兵给水壶和铁锹缝了布套；烟瘾大的士兵，

抗日英雄
戴安澜

只能把烟丝揉碎，放在嘴里嚼；为了防止掉队，有心计的连长，拉起一根长藤，全连官兵一个挨一个，牵着往前走。队伍小心翼翼地在密林中前进。经过千辛万苦，部队总算是走出了野人山，远征军在野人山非战斗减员数万人，甚至比和日军几番激战的损失都要多。

第三节：无限愧疚之情

夜晚，四周极黑，极静。没有月亮，没有星星，没有风声，没有雨声，缅北丛林的夜间常常是这样。第 200 师师长戴安澜这时躺在一片乱石上。他的旁边倚着石头坐着的是师步兵指挥官郑庭笈。远点是他的卫兵，再远点，附近山头蛰伏着的，全是他的部下。

出国作战的时候，第 200 师齐装满员，共有 12000 余人。经过 2 个多月的艰苦征战，浴血苦斗已经有 4000 多弟兄躺倒在缅甸战场。现在，剩下的数千人，全都集拢在师长四周。戴安澜的思绪一下子走了很远，想到缅甸败退后，200 师进入密林，行走在荒郊野外，穿不暖，吃不饱，忍受着虫蚊的叮咬，经受着暴雨的侵袭，在荆棘丛中行军，睡在草莽之间，摸索着越过一道又一道封锁线，每一天都在与日军周旋。中国远征大军抱着必胜的信念而来，如今却丢盔弃甲，大败归回，这丢尽中国人的脸。等到踏上国门的时候，会觉得惭愧满面，无地自容。醉卧沙场君莫笑，古来征战几人回？真该轰轰烈烈地战死在缅甸，不该这么窝窝囊囊地败回来。戴安澜一下子悲喜交加，百感交集。

戴安澜神情忧郁，部下郑庭笈心里也不好受，本想劝慰几句，但搜肠刮肚找不到词儿，只重复了两句老话："留得青山在，不愁没柴烧。"戴安澜看看身前身后的数千名残兵，顿时感到责任巨大。当务之急是把官兵们带回国内，个人荣辱毁誉，不足为念！继续前进！戴安澜挺起胸膛，甩开大步，走到队伍前头。

黑暗中，戴安澜和郑庭笈在慢慢地啃着手里的苞米。这是军需官费了千辛万苦，悄悄地溜到百姓家里，买来的。在缅甸打仗的头几个月倒是不错的。军需一切供应都由英军包办，不管打到哪里，只要给英军联络官开张清单，英国人就开着汽车把食品送来。现在打了败仗，英国人先跑了，把中国军队撂在后边，没人管饭。撤退这半个月，全靠手中的一点缅币，一路向当地人买粮，和叫花子差不多。

军需粮秣现在还不过分叫戴安澜操心，军需处还有些钱。最叫他心神不定的是，部队预定明晨偷渡南渡河。这是撤退路上遇到的第一条大河，河宽 1000 多米，既无桥，也无船。这两天，戴安澜命令全师隐蔽山中，编扎竹筏。现在一切齐备，只等明晨渡河。按说有了竹筏，一条南渡河不在话下。可是，眼下孤军奋战，英军已跑得无影无踪，友邻中国部队情况不明。

渡过南渡河后，部队再次进入缅北热带丛林。官兵们在阴暗闷热的密林里，艰难奋进，没有给养，没有道路，也没有向导。有时在林中钻了一天，结果发现又回到原处。为了安全，戴安澜吩咐部队，每穿过一道河川和公路，白天先派侦察分队，化装成缅民，侦察敌情，占领有利地形，掩护部队夜间通过。每一路口，由各连互派联络员，传递信号，指导行动，防止迷路。戴安澜让自己手下的部队军纪严明，所到之处秋毫无犯，对待这些异国他乡的百姓要比对自己故土的百姓还要好。否则，依远征军现在的处境，很可能陷入人民战争的海洋。

第四节：密林遭遇伏击

5月18日黄昏，第200师官兵冲破了日军设下的四道封锁线，隐蔽运动至腊戌西南侧的郎科地区，来到最后一道防线西摩公路。戴安澜坐在一片低矮的灌木丛中，借着西方一片霞光，掏出那张皱皱巴巴的地图，在膝盖上展开。郑庭茇也凑了过来。

从地图上看，郎科离国境线只有半截手指长，大约是七八十公里，回国的路程十分已经走完九分。郎科正对着中缅边境的南坎，只要再朝前迈一点，就可以重新投回祖国的怀抱！

"再有几天，我们就到家了！"戴安澜无比兴奋，继而又深深地叹了一声，"唉……"

一声叹息中，戴安澜想到出国远征，和亲人告别，走出国门，来到异邦征战沙场，几多波折。而今，眼看踏进家门，谁能无动于衷？

越是接近国境，越是不敢大意。官兵们又是兴奋，又是不安，高抬脚，轻落地朝前迈。林中有一条小路，那是往返于云南与缅甸之间的马帮踩出来的。马帮大多是走私贩毒，他们走的路都很隐蔽，连当地人也难以发现。路很难走，曲里拐弯，磕磕绊绊，不时能踩到一堆堆膻臭的马粪。这是唯一可靠的路标。

200师在准备通过西摩公路时，透过密林，戴安澜用望远镜仔细观察远处的公路。尽管没有出现任何敌情，戴安澜仍十分警觉，坚持继续观察，果然很快就发现了日军的便衣，当即击毙。夜里11时，部队隐蔽接近腊戍西侧细包至摩谷的公路。这是归国途中要穿越的最后一条公路。只要今晚顺利通过细摩公路，明晚绕过包德温矿区，再有两三天路程，国境线就在脚下。但决不能莽撞，此地离日军占据的腊戍不过几十公里。细摩公路静静地横在眼前，戴安澜这时潜伏在路南的高地，正瞪大眼睛，窥视着公路上的动静。公路上没有过往车辆，连个人影也没有，一切平静。

"呱，呱……"前面传来几声青蛙的鸣叫，这是尖兵发出的"可以通过"的暗号。师前卫部队安全通过，戴安澜随后续的主力部队也踏上公路。师长没有立刻离去的意思，他那犀利的目光在黑暗中搜索着2个多月前战车从这里隆隆开过的痕迹。他发现路边立了一个里程碑，立刻奔了过去，借着月光，同时也靠着手的触觉，他读出了石碑上刻着的几排英文字母：

Isipaw—Mogok　20KM　（细包至摩谷20公里）

这么说，我们走的方向完全正确。根据这块里程碑，戴安澜已经可以确定部队现在所处的位置，并且精确计算出回国的路程。此地离国境线不超过60公里，正北就是南坎，就是祖国伸过来的大手。师长很兴奋，一抬头，望见北斗星在朝他眨眼，好像也在说："是，没错，大胆走吧！"

戴安澜命令一个团在已占领的阵地上向东西延伸，10点后再通过公路。他转身跟上队伍，离开公路，"蹭蹭"几下，窜进丛林。

就在这一霎，黑暗的丛林忽然响起了一阵爆响，戴安澜看见他的士兵在火光中疯狂地手舞足蹈，然后像被伐倒的大树，东歪西斜。这一幕，永远留在他的脑海里。公路上突然出现了在此处伏击的第56师团两个大队的20多辆日军装甲车，我方中了埋伏，日军开始猛攻。

　　戴安澜第一个反应是原地卧倒，然后，伸手拔腰间的勃朗宁。趴在草丛里，戴安澜支起耳朵。日军枪声来自东北高地的一片密林，从火力强度判断，日军有 2 ~ 3 个大队的兵力。看来，日军没有足够的兵力，对我军形成包围。戴安澜叫来作战参谋，让他通知正在与敌混战的 599 团迅速向西侧的洼地撤退，向敌后迂回，以此迅速将日军击溃。可是，部队在行进间遇敌突袭，队伍散乱，指挥瘫痪。在慌乱中，中国军队官兵四面开火，盲目射击，暴露了自己，招来了日军更猛烈的火力。火光中，中国军队官兵纷纷倒地，戴安澜再也按捺不住，腾地从草

丛中跃起，举着勃朗宁，边跑边喊：

"弟兄们，往西撤退，快！"

混战中的官兵，听见师长那熟悉的安徽口音，顿时醒悟过来，调头向西撤退。

戴安澜领着官兵边打边转移，日军的子弹像雨点一样追着打来，突然，他感到被什么东西从背后狠狠一击，眼前金花怒放，双脚一软，身子向后仰去。

……

两个昼夜过去了，天还没有亮，枪声停止。近在咫尺的日军发现了200师，周之再参谋长毕业于日本士官学校，会日语，他和日本人喊话，对方以为是自己人，他们才得以从密林中突围出来，但全师伤亡过半。第599团团长柳树人牺牲，第600师团团长刘吉汉失踪，两团只各剩一营兵力。战斗结束后，戴安澜师长也下落不明。

残存的队伍在山坡上自动集拢起来，可是不见师长。师长哪里去了？队伍立即惊慌起来。副师长高吉人、参谋长周之再、步兵指挥官郑庭芨你看我，我看你，一阵恐惧袭上心头。

"找师长去！"高吉人喊了一声。官兵们慌忙钻进那片血淋淋的丛林，寻找自己的师长。

人们一边呼喊师长，一边在林子里翻腾，掀开炸倒的大树，扒开密密麻麻的灌木丛，还查验了一具具尸体。参谋长周之再在土坡下的草丛中找到了师长。师长蜷缩着身子，躺在厚厚的枯草上，四周一片鲜血，胸部、腹部各中一弹，伤势十分严重。他俯下头，把耳朵轻轻贴在师长胸脯上，听到游丝一样微弱的搏动。

"师长在这！"

"师长还有救！"

周之再轻轻抱起师长，他仰着头，放开喉咙对着大山，对着全体官兵，大声吼道。师长应该有救，他有钢铁一样强健的躯体。1939 年，在昆仑关战役，他也曾身负重伤，不也挺过来了？况且，在目前危难之际，一支残破的队伍，几千衣衫褴褛、饥肠辘辘的士兵，都在指望着他。

指战员们流着泪把他转移到深山密林中。这时，他微微睁开双眼，艰难地对围在身边的部属断断续续地说："大家……不用……管我，赶快……突……突围出去，这胜……胜过救我啊！"说完又昏迷过去，当戴安澜苏醒过来时，知道自己已经不行了，开始为自己预备后事，见师部主要军官和各团团长都在身边，他当众宣布："我殉职之后，由师步兵指挥官郑庭笈率部回国。"众军官难过地点点头。

郑庭笈泪流满面，对戴安澜说："师长，翻过前面那座大山，就到家了。你一定得挺住。"师长点点头，说："但愿如此。"郑庭笈叫来担架，抬着师长急速北撤。

凌晨，他清醒了一小会儿。他询问部队目前的位置，离云南多远，还有几天能回国。郑庭芨一一作答。师长边听边点头，苍白的脸上露出笑容，他庆幸部队生还有望。

第五节：朗科壮烈牺牲

戴安澜一直在担架上带伤指挥，也许是预感到自己来日不多，戴安澜当众叫来 200 师步兵指挥官兼第 598 团团长郑庭

笈，留下最后的嘱托："如果我殉国了，你一定要把部队带回祖国……"并伤感地叹道："我是有心杀贼，无力回天了！"闻者无不潸然泪下。在距离国境线不远的茅邦村戴安澜躺在担架上，拉着副师长高吉人的手，声音微弱的说道："今日我觉得自己难以幸免，第200师就交给你了，你一定要带弟兄们返回祖国！"

20日下午，戴安澜决定另选一条叫郎科的小道作为突破点。晚上9点开始，全师安全通过。眼见200师撤退，日军却没有任何动静，在台儿庄、同古和棠吉都败在了戴安澜手下的日军，不知戴安澜使的什么招数，不敢轻举妄动。担架上的戴安澜看着大部队进入安全地带，深深地松了口气。

三天之后，东京电台宣布，战无不胜的帝国皇军在缅甸北部，全歼中国王牌部队第200师，击毙师长戴安澜，消灭该师官兵五千人，俘获机、械骒、马弹药无数。

5月下旬，缅甸已进入雨季，整天大雨滂沱，天气闷热。分散突围的200师官兵，陆续到达中缅边境，全师只剩下不足300人，这支遍体鳞伤的队伍，抬着他们奄奄一息的师长，在潮湿泥泞的缅北大山里，兜兜转转艰难行进。这时200师的粮食已经断绝，士兵只能以野菜、树皮充饥。十几名战士轮流抬着戴安澜，翻越缅甸的高山往云南方向走。一次，一位营长偶然为戴安澜找到了一碗米粥，想让他喝下。戴安澜热泪盈眶，饥渴中，仅喝了一口，看了看左右围着的官兵，望着粥哽咽地说："200师的弟兄们是我带出来的，大家都没有吃的，我怎能忍心吃呢？"他连一口都没喝，又把粥放下，让周围人喝，说着泪水夺眶而出。每当戴安澜从昏迷中醒来，他总是问："离云南还有多远？""什么时候能到云南边境？"

部队不仅断粮，更没有药，连块干净的绷带也没有。连日大雨，加上蚊子叮，蚂蟥咬，好皮好肉都长红包。在倾盆大雨中，战士们抬着戴安澜在泥泞不堪的小道上艰难跋涉，他的伤口经雨水已浸泡感染化脓，卫生员在奔跑中又丢了急救包，无药可换了。由于缺少医药，戴安澜伤口的伤势进一步恶化，身上的两个大伤口感染、溃烂、化脓，还长了蛆。更严重的是，枪伤恶化，高烧不退，戴安澜已经心力交瘁，几次昏厥，生命之火就像风前的灯盏，忽闪忽闪，随时可能熄灭。

5月26日，200师行进到缅甸北部的一个叫作邦茅的小村，在村旁的一座寺庙歇下来。此地距离国门仅仅只有几天的行程，祖国近在眼前。这时，鬼子的追兵已被甩开，离国门只有三五天的路程。在这个距离中缅边境仅一百多公里的地方，一直咬牙坚持的戴安澜再也支撑不住了，他的生命之烛燃烧到了最后。在弥留之际，戴安澜吩咐部下为他整理衣冠，把他从担架上扶起来。他深情地遥望北方，嘴里喃喃地说："祖国万岁，反攻，反攻！"他是多么惦念生养他的祖国和人民，多么希望能恢复健康继续与日寇搏斗。

随从问：你有什么话，要对你夫人和孩子说吗？他摇头。参谋长周之再和步兵指挥官郑庭笈轻轻地问："师长，我们下一步怎么把部队带回去？"已经说不出话来的戴安澜，示意他们拿出地图，用手指地图，要部队立即在茅邦渡过瑞丽江，又用颤抖着的手指了回国的路线，改由茅邦渡河，向西前进，他用自己的生命最后一次为战友们指出了一条回家的路。然后，这位铁汉示意卫士们把他扶起来，朝着祖国的方向深情地凝望了最后一眼。

下午 5 时 40 分，戴安澜将军的心脏停止了跳动，一代名将与世长辞，为民族献出了宝贵的生命，年仅 38 岁。

第九章 震动海内外

第一节：马革裹尸还

戴安澜牺牲后，200 师当即电告蒋介石。蒋介石回电指示：一定要把戴安澜的尸体带回国内。200 师战士们砍下来胳膊一样粗细的树枝做成了担架，抬着戴安澜的尸体在茫茫林海中，向着祖国的方向继续艰难行进。

一路上，士兵们悲恸不已，失声痛哭。5 月 28 日，200 师用木排竹筏渡过瑞丽江后，在缅甸炎热的高温下，戴安澜的尸体便开始腐烂，流水了。战士们就把军装脱下来裹在将军的身上。军装有着各种各样的军衔，士兵的、尉官的、校官的……

29 日，在没有办法的情况下，大家只得在瑞丽江江滩上，围在一起砍了些木头，生了火，将戴安澜将军的遗体在上面火化，全师的官兵们都落泪了。在火化的过程中，只见一道火光升天，大家都激动地喊"师长魂灵归国了！"遗体火化后，大家含着眼泪砍了一株攀枝花树，把树掏空，用红布将骨灰包好，把遗骸殓入这个简陋的木箱子里，运回了国内。此后，200 师的官兵始终抬着师长的遗骨，历尽千辛万苦，在中缅边境的高山峡谷和原始森林中转来转去，沿途缺衣少粮，还要躲避日军的追击。

抗日英雄小故事

200 师官兵护卫灵柩，在 6 月 2 日乘敌不备越过南坎至八莫公路，17 日进入腾冲县境，18 日过怒江，25 日到达漕涧。装备精良的机械化部队 200 师出征缅甸，最后回到祖国的不过4000 多人。中国远征军 10 万子弟兵跨出国境，全军损失过半。

到达漕涧时，忽然遥遥地听见中国话的呼喊："是乡亲们！是中国人！"

战士们争先恐后地抬起师长的遗体往祖国的方向跑。踏上国土那一刻，战士们放声大哭，我们回来了，师长，咱们回来了！战士问身边的父老乡亲：你们怎么知道我们会回来？一位大姐说：我儿子是 200 师的。我知道他会回来！我们在这里整整等了 55 天。戴安澜牺牲的消息立即传遍了全国。在 200 师回国的路上，沿滇缅公路，所有的官员百姓一律佩戴黑纱，摆放香烛，默默哀悼。无数民众自发设香案路祭，很多群众在夜幕降临时，站在高处点燃篝火，乞求上苍保佑将军魂灵归国，那场景无人不落泪。

当部队回到云南境内的一座县城时，县长带领全县父老乡亲 20 万人，沿街而跪，跪接衣衫褴褛、昂首挺胸抬着已故师长遗体的 200 师官兵！路边站满了乡亲们，有位老华侨就站在路边等着，他曾经欢送远征军出国作战。现在他又久久地守候在路边，守候等待着戴安澜的遗骨。他看见戴安澜将军的遗骨装在一个简易的木箱子里，不禁老泪纵横，就上前拦住了部队，说："戴安澜为国捐躯，怎么能睡这样的棺材？"说着要把为自己准备好的一口楠木棺材拿了出来。就在这位老人的坚持下，200 师的官兵把戴安澜的遗骨放进这口楠木棺材，继续前行，在举行国葬时，国民政府又为戴安澜做了一个更大的三层棺木。

从昆明到广西全州，沿途各城都摆设供桌，倾城祭奠。灵柩运抵柳州，第四战区司令官张发奎率黄埔军校将校师生列队到火车站迎接，接着带领师生捧着戴故师长的遗像和血衣，游行追悼。戴安澜的灵柩抵达昆明，数万人出城迎灵，云南省各军政长官、各界代表万余人至 10 公里之外将灵柩接到昆明城东体育场停放，当覆盖着戴安澜将军血衣的灵车经过市区时，迎灵的队伍更长达数里。

第二节：震动国内外

戴安澜在出国远征中牺牲的噩耗传回国内，引起了极大的关注。中国人民就像是失去了一位骁勇善战的儿子。一时间举国同伤，文人墨客为这位在异国他乡战死沙场的将军题下了无数的挽诗：

觥觥戴君，乃武乃文，身经百战，屡建殊勋；

竭忠域外，归骨国门，英爽虽隔，浩气常存。

——李宗仁

国外播雄威，万里尸归魂壮烈；军中草露布，千秋言在气清刚。

——张治中

长使英雄泪满襟。

——徐悲鸿

亮剑九州志未酬，铁马洪流万兜鍪。
将军百战身先死，不负精忠少年头。

——×××

声誉无为战缅乡，海鸥奋翼阻敌强。
冬瓜浴血棠吉烈，将军折戟殉矛帮。

——×××

马踏金尘起，风卷银屑飞。
百战任生死，何惧裹尸回。

——×××

……

1942 年 10 月 6 日，国民政府举行盛大公祭，追认戴安澜为陆军中将，批准他的英名入祀忠烈祠。蒋介石听到戴安澜牺牲的消息，在日记中写道，接到消息犹如"晴天霹雳"，这实在是"抗战以来最大的损失"。

国内报纸纷纷发表消息，公告戴安澜的卓越战绩，并沉痛悼念。《中央日报》社论指出："戴故师长躬自督励，激发士卒，严守命令，以少击众，使中国军人的革命精神高扬于国境以外。"《贵州日报》社论说：戴安澜"忠烈之气，永昭日月，实重于泰山"。1942 年 7 月 18 日的《解放日报》上也登载了戴安澜壮烈牺牲的消息。

美国称赞戴安澜为"有能力、有魅力、并有相当大胆量"的高级指挥官。戴安澜将军牺牲后，为了表彰戴安澜将军在滇缅战场上所做出的巨大贡献，当时同盟国美国国会于 1942 年 10 月 20 日签署命令，授权罗斯福总统向戴安澜颁授懋绩勋章一枚，颁发军团功勋勋章和荣誉证书，并由美国总统罗斯福和美军参谋长联席会议主席马歇尔联名签署了勋章证书，证书上写道：200 师故师长戴安澜将军于 1942 年同盟国缅甸战场协同援英抗日时期，作战英勇，指挥卓越，圆满完成所负任务，实为我同盟军人之优良楷模。后美国继任总统杜鲁门撰文表彰：200 师师长戴安澜在 1942 年缅甸战役中著有丰功伟绩，声誉卓著，出色地继承和发扬了军事行动之最佳传统，为他自己和中国陆军建树了卓越的声誉。戴安澜将军是第二次世界大战中我国在国外牺牲的第一位高级将领，也成为第二次世界大战反法西斯斗争中第一位获得美国勋章的中国军人。现在，这一枚勋章被存放在了中国革命军事博物馆内。

戴安澜受到那么多人的敬重与缅怀，不仅是因为他的爱国主义情怀和为国捐躯的英勇事迹，还因为他是一位正直、廉洁，善于用兵、育兵的难得将才。他治军严明，很强调军队和民众的关系。又爱兵如子，以身作则，深得部属的拥护。他在长期的军旅生涯中深刻地认识到做人做官必须要有足够的知识。他率领部队远征缅甸，坚守同古，有力地支援了盟军，狠狠地打击了日寇的嚣张气焰，振奋了国威，捍卫了中华民族的荣誉。戴安澜以卓越的战功和爱国壮举实践了自己的报国誓言，博得了中外的赞佩。

第三节：毛泽东诗悼戴安澜

1943 年 4 月 1 日，国民政府在广西的全州香山寺为戴安澜将军举行了隆重的国葬仪式，由国民政府代表李济深主祭。李济深在悼词中说："戴故师长为国殉职，其身虽死，精神永垂宇宙，为中国军人之楷模！"全国各地的各界代表及当地的军民一万多人参加了戴安澜将军的追悼大会，葬礼非常隆重，国共两党的领导人纷纷送来挽诗、挽联和花圈，对戴安澜将军给予了极高的评价。葬礼上挂着当时中国两位最高领袖为戴安澜亲撰的挽词，一幅是国民党领袖蒋介石题写"虎头食肉负雄资，看万里长征，与敌周旋欣不忝；马革裹尸酬壮志，惜大勋未成，虚予期望痛何如。"一幅是远在延安的毛泽东的一首赋诗，毛泽东在诗《海鸥将军千古》中写道：

外侮需人御，将军赋采薇。

师称机械化，勇夺虎罴威。

浴血东瓜守，驱倭棠吉还。（注：即同古）

沙场竟殒命，壮志也无违。

这首诗用的是五律的格律，作于 1943 年。毛泽东作为中国近现代的一位诗圣，诗词风格很独特。毛主席特别长于词，五律在毛泽东的诗作中不多见，总共只有 4 首，而这是第一首。毛泽东的一生只给两位将军写过挽词，获此殊荣的一位是共产党将军罗荣桓，而另外一位就是国民党儒将戴安澜。

戴安澜以实际行动实现了"以报国家养育，为国战死，事极光荣"的誓言。对于这位爱国将领的死，中共中央表示沉痛的哀悼。朱德、彭德怀、邓颖超等也分别写了挽联或诗词，高度赞扬了戴安澜将军为中华民族生存，而在异国英勇抗击日本帝国主义的功劳。朱德与彭德怀联名敬献的挽词是："将军冠国门，日寇几回遭重创。英魂羁缅境，国人无处不哀思。"周恩来的挽词是："黄埔之英，民族之雄。"

后来因为日寇进占广西，1944 年，戴安澜将军的灵柩被移葬在贵阳花溪河畔的葫芦坡。1947 年，戴安澜的灵柩由贵州迁至安徽芜湖市，墓地择定芜湖著名风景区赭山公园。这年

5月3日举行灵柩典礼，国民党政府国防部特派司令长官杜聿明、装甲兵总司令徐庭瑶和整编第88师师长马师恭等专程前往芜湖参加引发典礼。杜聿明主祭，徐庭瑶、马师恭及许多地方军政官员陪祭。灵柩四周，摆放着花圈和其他挽品，灵前置放着戴安澜将军的遗像和血衣。公祭完毕，参加公祭的各界群众列队前往墓地，整个送葬队伍长达3里，沿途街头巷尾，万人争看，各个均寄予无限悲痛。灵柩抬到墓地的时候，又行葬礼，赭山上下人山人海，在哀乐声中，人们纷纷落泪。

新中国成立后，1956年9月21号，中华人民共和国中央人民政府内务部追任戴安澜为革命烈士。同年10月3日，毛泽东以国家主席的名义向戴安澜将军的亲属颁发了《革命牺牲军人家属光荣纪念证》。为了纪念戴安澜将军，芜湖市人民政府于1979年重新修葺了他的陵墓。墓碑上刻着戴安澜将军的生平传略和英雄事迹。1983年安徽省人民政府对墓地再一次进行了扩修。弹指间60余年过去了，如今，作为芜湖市爱国主义教育基地，总有络绎不绝的群众前来戴安澜烈士墓前瞻仰祭扫，寄托哀思。中国人民始终不能忘记戴安澜将军与中国远征军的丰功伟绩，每一个共赴国难的生命都应该永远被历史铭记。如果不是他们用血肉之躯挡住从缅甸疾速北进日军的虎狼之师，云南的大后方无疑早呈现出不堪设想的结局。他们的英名必将永存中华大地，成为教育警醒后人不忘国耻、富国强民

137

抗日英雄

戴安澜

的不朽典范。

第四节：捐出抚恤金，设立安澜职业学校

私立安澜高级工业职业学校的创办，也可以说是抗战史上血的成就。戴安澜将军牺牲后，以什么样的方式来永远地纪念戴安澜将军，弘扬他的爱国主义精神？戴安澜壮烈殉国后，当时的国民政府给了20万元法币，这是很高的抚恤金。而在当时，戴安澜虽然身为国民党将领，他的家里却并不宽裕，这笔钱如果留在家里，一家老小从此吃喝用度绰绰有余。这笔钱怎么花，戴安澜的夫人王荷馨颇费思量，她去找杜聿明商量，表示家里不留这笔钱，要把这笔钱全部捐出去。

杜聿明、徐庭瑶将军从当时广西缺乏教育，战时国家需要工业，战后国家更需要发展工业，而国内承上启下的中等技术人才十分缺乏之一实际出发，杜将军首先提出创办学校来纪念忠烈戴安澜将军。王荷馨女士为支持办学，当即决定将国民政府给的特恤金20万元法币拿出来作为办学、周转的费用。而王荷馨一家人则一直过着粗茶淡饭的日子，并且生活越来越艰难。后来戴夫人经常到南京的夫子庙前，变卖戴安澜的一些遗物以维持生计。

这一想法一经提出便得到赞同，经过协商，徐庭瑶为董事

长，杜聿明、关麟征、汤恩伯、邱清泉等为常务董事，将当时在广西建设厅服务的戴安澜的堂弟戴子庄先生招来负责筹备工作，并确定 5 月 26 日为学校的校庆。从 1942 年 2 月开始着手，经过大家的共同努力，到 6 月筹备工作告竣，建设了六幢平房校舍，实习工厂的机械设备及模拟汽车大部分是由陆军机械化学校和第五接团军平价代制的。经教育部门建议将这所设在广西全州的私立学校的名字改为"私立安澜高级工业职业学校"，此事后经过董事会的同意。

在办学的最初，地方上提出愿意将地方公产桂北有名大刹，湘南古寺划拨学校扩展校部。为充实基金和设备，杜聿明将军曾在云南创办过一所近千亩的"安澜纪念农林场"，他还在董事会上提出以厂养校的办法来求得自力更生。8 月间开始办理机械、土木、汽车三科，开学典礼是徐庭瑶、杜聿明、邱清泉三位校董躬亲主持的。然而，半年不到，由于日军踏进了三湘八桂，学校奉命随同安澜师长的遗棺一道向贵州疏散，于是这初具规模的学校受尽了接连不断的磨难。在转移的过程中，虽然一路上艰辛难以言尽，但幸运的是全体师生都是安全完好的。由于时间紧迫，仓皇逃难，不少设备物资不得转移，因此损失不可弥补。日寇投降后，戴安澜将军的遗棺被运回故乡安徽省，在芜湖安葬，学校也准备迁往芜湖，经过戴子庄先生各方奔波、交涉，王荷馨女士亲自出面，上至最高当局，下至地方政府,历尽艰难,徐庭瑶、杜聿明将军多次出面予以帮助,"私立安澜高级工业职业学校"终于在1948年在芜湖复校,徐庭瑶、杜聿明亲自参加庆典。

迄今为止,安澜高级工业职业学校已经培养出了许多技术人才。后来该校几经迁移,成为现在的安徽省芜湖第二中学的前身,又叫"安澜中学"。几十年来,这所纪念戴将军的学校为国家培养了大量人才,戴安澜将军在战场上不怕流血牺牲、前赴后继的伟大精神也影响了一代又一代的中华儿女。